다음 세대를 생각하는
인문교양 시리즈

아우름 10

산도 인생도
내려가는 것이 더 중요하다

실패를 기회로 만드는 등산과 하산의 기술

엄홍길 지음

샘터

산도 인생도 자신의
두 발로 걸어야 하는 것

여러분 '히말라야'라는 말 많이 들어 보셨지요? 최근에 저와 박무택 대원의 실화를 바탕으로 한 영화 〈히말라야〉가 개봉하기도 했는데요, 히말라야는 산스크리트어로 눈이라는 뜻의 '히마^hima'와 거처를 뜻하는 '알라야^alaya'가 결합된 말입니다. 눈이 있는 곳이라는 뜻이지요.

히말라야는 흔히 신들의 영역이라고 불립니다. 그만큼 인간이 접근하기 어려운 곳이라는 뜻이지요. 히말라야는 동과 서로 나누어서 2,500킬로미터의 산맥이 형성되어 있는데, 이 안에 8천 미터 이상의 주봉이 14개 있습니다. 그래서 '8천 미터 14좌'라고 표현하는 것이지요.

불모의 성지로 인식되어 있지만, 그럼에도 많은 사람들이 히말라야로 향합니다. 네팔의 에베레스트 베이스캠프 이상 지역을 오르려는 사람만 한 해 천여 명에 달한다고 합니다. 네팔의 산악 지역에서는 험준한 산세 때문에 자동차나 오토바이 등이 무용지물입니다. 차량으로 이동할 수 있는 데까지는 이동하지만, 히말라야에 오르고자 하는 이들은 지위고하를 막론하고 모두 걸어야 합니다.

이국의 여행자들은 맨몸으로 산에 오르고, 가난한 네팔 사람들은 여행자들의 짐을 대신 지고 갑니다. 그것으로 돈을 벌어들이지요. 이런 일을 하는 네팔 사람을 포터라고 부릅니다. 야크나 당나귀를 이용해 짐을 나르기도 하지만, 깨지기 쉬운 사진기나 당장의 기후 변화를 감당하기 위한 옷가지, 물통, 등산에 필요한 음식들은 모두 산을 오르는 사람의 몫입니다.

히말라야 8천 미터의 베이스캠프는 고도가 평균 4~5천 미터입니다. 포터들은 한 사람당 30킬로그램의 짐을 지고 히말라야 산길을 오릅니다. 해가 뜨기 시작하면 산행을 시작해 오후 4시 정도면 다음 롯지(산장)에 도착해야 합니다. 해가 지기 시작하는 오후부터는 기온이 급격히 떨어지기 때문에 부지런히 걸어야 하지요.

포터들 중에는 슬리퍼를 신고 산에 오르는 사람도 많습니다. 운동화 값이 워낙 비싸기 때문이지요. 성인이 될 때까지 신발이라는 걸 못 신어 보는 사람도 있습니다. 발바닥이 쩍쩍 다 갈라지고 굳은 살이 배겨서 곰 발바닥보다 더합니다.

여행자들은 더우면 겉옷을 벗어 말리고, 추우면 여러 겹의 옷을 껴입지만 그들은 얇은 점퍼 하나만 걸치고 고산을 오릅니다. 밤이 되면 롯지에 마련된 창고에서 잠을 자는데, 나무 바닥에서 얇은 면 이불 하나만 덮고 잡니다.

공식적으로 아이들은 포터로 고용할 수 없게 되어 있지만, 가난 때문에 돈 한 푼이 아쉬워 열두세 살 나이에 포터로 나서는 경우도 적지 않습니다. 남자 포터만 있는 것도 아닙니다. 여자 포터도 부지 기수입니다. 남자들도 못 지는 60킬로그램 이상 되는 짐을 여자 포터가 지고 가는 것도 보았습니다. 얼마나 대단한지 모릅니다.

포터들이 하루 종일 짐을 지고 히말라야 산길을 오르락내리락 하면서 받는 일당이 얼만지 아십니까? 우리 돈으로 1만 5천~2만 원입니다. 그들은 그런 자그마한 돈을 받고서 히말라야 험준한 산길을 오르내리며, 척박한 환경에 적응하며 행복하게 살아갑니다.

무엇이 그들을 산으로 향하게 하는 것일까요? 포터들과 함께 간간히 숨을 돌리며, 나는 그들의 가쁜 숨 속에서 삶의 의지와 희망을 봅니다. 하루 종일 짐을 지고 받는 돈은 우리에게는 크지 않은 돈이지만, 가난한 네팔 사람들에게는 적지 않은 살림 밑천이 됩니다. 한 가족의 희망이 되는 것이지요.

그들을 보며 생각한 것이 있습니다. 인생은 산과 같은 면모가 있어서 누구나 결국 자신의 두 발로 걸어야 한다는 것을, 그들은 이미 깨달은 것이 아닐까요? 인생은 케이블카를 타고 산에 오르는 것이 아닙니다. 두 발로 한 걸음 한 걸음 나아가는 것입니다. 힘이 들어 숨이 차고 아프고 고통스럽기까지 한 것들을 이기고 밟아 가며 오르는 것이지요.

저 또한 이 두 다리로 히말라야 8천 미터 16좌를 올랐습니다. 50년이 넘는 세월을 저를 지탱하며 기쁨과 영광의 순간, 고통과 좌절의 순간을 함께했고, 삶과 죽음의 경계에서 저를 지켜 주고 힘을 주었습니다. 두 다리가 있었기에 지금 이 자리까지 올 수 있었습니다.

제 왼발은 쭉 펴집니다. 발목을 구부리면 수직이 되지요. 그런데 오른발은 그게 안 돼요. 안 펴집니다. 발끝을 위로 당기면 자연스럽게 구부려져야 하는데, 당겨지지도 않아요. 오른발 뼈가 여기저기 부러져 큰 수술을 했지만 발목이 굳어 버렸어요.

오른쪽 엄지발가락도 발가락 한 마디가 없습니다. 동상에 두 번이나 걸려서 발가락이 썩어 들어가는 바람에 한 마디를 잘라 내고

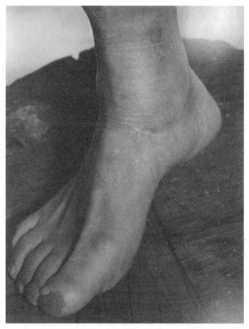

| 엄홍길 대장의 오른발. 동상으로 엄지발가락 한 마디를 잘라 냈고 사고로 뼈가 여기저기 부러지면서 발목이 굳어 구부러지지 않는다.

허벅지 안쪽 살을 떼서 피부 이식을 했습니다.

산을 잘 타는 저만의 비법도 없습니다. 저는 산을 올라갈 때 뒤꿈치가 안 닿습니다. 그래서 발 앞쪽으로 올라갑니다. 발목이 굳었다고 말씀드렸지요? 경사를 디디면 왼발은 뒤꿈치가 닿는데 오른발은 안 닿으니까 발끝으로만 올라갑니다.

간혹 산에서 만난 분 중에 저를 보고서 발끝으로만 산을 오르려는 분이 계세요. 그렇게 쫓아오다가 "어후 대장님 너무 힘들어서 안 되겠어요. 이렇게 올라가는 게 잘 가는 겁니까?" 하고 묻습니다. 다리를 다쳐서 뒤꿈치가 닿지 않아 그런 것이라고 설명해 드리면 그제야 "아 그렇군요" 합니다.

하지만 사고 후에도 저는 이 발로 8천 미터 정상을 열 번이나 올라갔어요. 지금도 산을 다니고 있고요.

그렇게 인간의 한계로는 극복하기 힘들다는 8천미터급의 산을 수십 번 올랐습니다. 죽을 각오로, 죽음을 무릅쓰고, 죽음과 더불어……. 그리고 죽을 것만 같았습니다. 그렇게 오래 산을 오르다 보니 어떤 깨달음 같은 것이 오기 시작했습니다.

히말라야 8천 미터 16좌 완등을 이루면서 제가 얻은 인생에 대한 깨달음을 여러분과 나누려고 합니다. 지금 여러분은 인생이라는 산의 어디쯤을 오르고 있습니까? 뚜벅뚜벅 내딛는 한 걸음이 느려 보이겠지만, 힘들더라도 포기하지 않고 두 발로 한 걸음씩 내디딜 때 인생도 산도 여러분에게 정상을 내어 줄 것입니다.

2015년을 내려오며
엄홍길

| 차 례 |

여는 글 산도 인생도 자신의 두 발로 걸어야 하는 것 _ 4

등산의 기술 1

스스로 해낼 수 있다는 자신감이 먼저다

우리 집은 왜 이렇게 높은 데 있는 걸까? _ 17
이젠 산도, 바다도 두렵지 않다! _ 24
에베레스트? 설악산 네다섯 배 높이밖에 안 되는 곳! _ 28
자신감으로 실패의 두려움을 물리치다 _ 35

등산의 기술 2

분명하고 구체적인 목표를 정하라

꿈이 없으면 이룰 수도 없다 _ 39
뒤로 물러설 수 없을 때 강해진다 _ 42
심상사성, 간절히 원하면 이루어진다 _ 48

등산의 기술 3

모든 것은 나 자신과의 싸움이다

가장 많은 눈물을 안겨 준 산 _ 53
살아 있는 한 포기란 없다 _ 56
우리가 정복할 것은 산이 아니라 나 자신이다 _ 63

등산의 기술 4

강한 파도가 강한 어부를 만든다

가장 두려운 것부터 넘어라 _ 69
아, 안나푸르나여! _ 73
나를 키운 것은 열여덟 번의 실패 _ 76

하산의 기술 1

성공은 또 다른 시작일 뿐이다

14좌 완등의 꿈을 이루다 _ 83
도전은 끝이 없는 것 _ 87

하산의 기술 2

잘 내려가야 다시 오를 수 있다

성공의 순간, 위기는 찾아온다 _ 93
산 중의 산은 '하산' _ 99
내려서면 비로소 보이는 것들 _ 105
기다릴 줄 아는 지혜, 포기할 줄 아는 용기 _ 109

하산의 기술 3

혼자 빛나는 별은 없다

도전을 멈출 수 없었던 진짜 이유 _ 115
멀리 가려면 함께 가라 _ 120
알면 질문하게 된다, 더 알면 기도하게 된다 _ 125

하산의 기술 4

도전보다 아름다운 말, 나눔

내 인생의 17좌는 사람이다 _ 131
밍마참치 이야기 _ 137

인터뷰

불멸의 육체는 없어도 불멸의 정신은 있다

포기하지 않는 힘은 어디서 오는가 _ 143
외로울 땐 산에 가라 _ 149

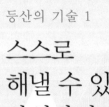

등산의 기술 1

스스로
해낼 수 있다는
자신감이
먼저다

우리 집은 왜
이렇게 높은 데
있는 걸까?

산악인들이 붙여 준 제 별명은 '탱크'입니다. 그렇지만 보시다시피 저는 키도 그다지 크지 않고 탱크처럼 몸이 육중하지도 않습니다. 그런데 왜 그런 별명이 붙은 것일까요? 저는 그 이유를 '자신감'이라고 생각하고 있습니다. 탱크를 한번 보세요. 뒤로 물러서지 않고 천천히 때로 비틀거리면서도 밀어붙이는 힘. 얼마나 자신감이 있어 보입니까.

자신감은 스스로 해낼 수 있다는 느낌입니다. 특히 어떤 일을 시작하는 데 있어 매우 중요한 마음가짐입니다. 스스로 해낼 수 있다는 느낌을 갖는 사람과 잘 안될 것 같다고 생각하는 사람의 차이는 엄청납니다.

처음부터 모든 것을 다 알고 시작할 수는 없습니다. 설사 다 알고 시작한다고 해도 이론과 실전은 다릅니다. 현장에서 몸으로 부딪치며 배워 가야 합니다. 그것이 경력이지요. 힘을 모아 최선을 다해도 될까 말까인데, 시작도 하기 전부터 자신감을 상실한 채 부정적인 것들을 먼저 생각하면 분명 실패하고 맙니다.

저의 첫 히말라야 도전도 지금 생각하면 무모하기 그지없는 것이었습니다. 하지만 중요한 것은 실패했다는 사실이 아니라 실패를 통해 어떤 상황에서도 대처할 수 있는 힘을 키웠다는 것입니다.

그러면 아무것도 두렵지 않았고, 거칠 것이 없었던 시절부터 이야기를 시작해 보겠습니다.

원래 저는 태어나기는 바닷가 가까운 데서 태어났습니다. 제 고향은 경상남도 고성입니다. 세 살 때 어머니 등에 업혀 이사 온 곳이, 경기도 의정부시에 속해 있는 원도봉산 골짜기였어요. 서울에 있는 도봉산 잘 아시죠? 서울은 도봉산이고, 경기도 쪽에서는 원도봉산이라고 부릅니다.

부모님은 차가 다니는 도로변도 아니고 정상도 아니고 산 중턱에 자리를 잡으시고 산에 놀러 오는 사람들이나 등산객을 상대로 장사를 하셨습니다. 도심지 아이들처럼 문명의 혜택을 누리며 평지에서 숨바꼭질이나 공차기를 하며 뛰어논 것이 아니고, 전깃불도 들어

오지 않는 산속에서 자연이 주는 혜택을 그대로 받으면서 성장하게 된 겁니다. 걸어 다닐 수 있을 때부터 산을 탔고, 칡넝쿨로 타잔 놀이 하며 산을 놀이터 삼아 자랐습니다.

그러다 보니 신체적인 구조 발달 자체도 달랐어요. 학교에 가려 면 저희 집에서 차가 다니는 도로변까지 약 40분에서 한 시간 정도 산길을 걸어가야 했습니다. 1년 365일 방학을 제외하고는, 아침만 되면 책가방을 메고 산길을 내려갔습니다. 수업이 끝나면 다시 산길 을 올라가야 했고요.

올라가기 싫어도 집이 저기 있으니 올라가야 하고, 내려가기 싫 어도 학교에 가야 하니까 내려가야 했어요. 깜깜한 밤에 등불이 없 이도 넘어지거나 돌에 걸리지 않을 정도가 되었습니다.

저는 평지를 오랜 시간 걷는 것보다도 산길을 오랜 시간 걷는 것 이 더 편하고 좋습니다. 어렸을 때부터 올라가고 내려가는 근육을 많이 쓰다 보니까 신체적인 구조가 그렇게 발달된 것 같아요. 평지 에서 오래 걸으면 몸이 왠지 허전하고 이상한데, 경사가 지고 굴곡 이 있는 산길을 걸을 때 더 편안하고 몸에서 불끈불끈 힘이 솟더라 고요.

또 보통은 산에 갈 때 힘드니까 맨몸으로 가지 않습니까. 그런데 저는 맨몸으로 가는 것보다 배낭이라든지 뭔가 어깨에 묵직한 걸 짊 어져야지 몸에 균형도 잡히고 편안하더라고요.

부모님이 장사를 하시니까 자주 시장에 장을 보러 가셨어요. 당시만 해도 비포장 도로였는데, 차를 타고 주차장까지 올라오면 거기서부터는 오로지 사람의 힘으로 물자를 수송해야 했습니다. 학교 끝나면 '얼른 책가방 갖다 놓고 놀아야겠다'가 아니라 '어머니가 시장에 장을 보러 가셨는데, 얼마나 사 오셨을까? 짐을 몇 번이나 져 날라야 될까?' 하는 생각부터 했어요.

주차장에 올라오면 가방 딱 내려놓고, 작은 키에 기우뚱기우뚱하며 지게로 짐을 져다 날랐습니다. 그러다 보니 일찍부터 어깨에 뭘 지는 것이 자연스럽게 몸에 배게 된 거지요.

저는 그 원도봉산 골짜기에서 유년기, 소년기, 청년기를 다 보냈어요. 2000년 5월에 이사했으니, 40여 년 가까운 세월을 거기서 산 것입니다. 어렸을 때는 부모님을 얼마나 원망했는지 모릅니다. 왜 하필 이런 데다 집을 지어서 우리를 이렇게 고생시키나, 우리는 왜 이런 곳에 살아야 되나.

학교 다닐 때는 친구들이 저희 집에 놀러 오겠다고 하는 소리가 제일 듣기 싫었습니다. 여름철에 계곡물 가둬 놓고 물장구치고 놀면 좋잖아요. 그런데 절대 집에 안 데려왔어요. 그런 환경을 보여 주기가 부끄러워서.

선생님이 가정 방문을 오시겠다고 하면 어떻게든 피해 다녔어요. 고등학교 2학년 땐가 담임선생님이 집요하신 분이라 끝까지 어

산도 인생도 내려가는 것이 더 중요하다

떻게든 저희 집에 한번 오시겠다는 겁니다. 결국 모시고 왔더니 "어떻게 여기서 학교를 다니냐" 하시더라고요. 당시 제가 지각을 좀 많이 했는데, "앞으로 너 지각하는 거 가지고 뭐라고 안 할 테니까 알아서 학교 와라" 그러신 적도 있어요(웃음).

그때는 도시에 사는 친구들이 부럽고, 원도봉산이 얼마나 원망스럽고 싫었는지 모릅니다. 그런데 불평불만의 대상이요 원망의 대상으로만 생각했던 산이라는 존재가 자신도 모르게 제 마음속에, 머릿속에 자리 잡고 있었던 것입니다.

제가 산을 좋아하고 산에 빠져들고, 더 나아가 미치게 된 것은 누가 저더러 산에 가라고 떠밀었기 때문도 아니고 누가 가르쳐서도 아니었습니다. 원도봉산 골짜기에서 성장하는 과정에서 자연스럽게 산에 눈을 뜨게 되고, 더 나아가서 전문 등반 클라이밍에도 일찍이 눈을 뜨게 되었습니다.

저희 집에서 조금만 올라가면 굉장히 커다란 바위가 있어요. 바위 꼭대기에는 두꺼비가 입을 벌리고 있는 형상의 바위가 있는데, 아주 신기해요. 두꺼비 바위라고 그러는데, 주말만 되면 전문적으로 암벽 등반하는 사람들이 찾아옵니다.

어려서부터 그런 분들하고 가깝게 지냈습니다. 암벽 등반 장비들도 만지작거리다 보니 손에 익숙하게 되고요. 같이 어울리다 보니까 쫓아가서 줄을 타고 암벽을 오르락내리락하는 모습을 바위 밑에서 올려다보게 된 겁니다.

'어떻게 다람쥐처럼 깎아지른 절벽을 타고 올라가고, 서커스 하듯이 거꾸로 매달려서 타고 올라가지? 참 신기하다. 저런 거 좀 배워 봤으면 좋겠다.'

그런 호기심에서 출발해서 중학교 2학년 때부터 친구들, 선배들과 함께 암벽 등반을 하게 됐어요. 그런데 저는 다른 또래들보다 배우는 속도가 좀 빨랐습니다. 왜냐. 여러분은 원도봉산 하면 산이라고 생각하잖아요. 그런데 저는 거기가 등산을 가는 대상이 아닌 놀이터요 삶의 터전인 겁니다. 그러다 보니까 모든 것이 익숙한 거지요. 그러니 암벽 등반하는 데 얼마나 재미를 느꼈겠어요? 그것이 산악인의 길에 들어서는 시발점이 된 것이지요.

그런데 그건 한때 호기심이었지 체계적으로 지속되지는 않았어요. 그러다가 산에 매료되어서 산을 한번 다녀 봐야겠다 마음먹기 시작한 것이 고등학교 2학년 때였습니다. 그때 수학여행으로 설악산을 갔는데, 설악산을 보는 순간 '아 이렇게 아름답고 좋은 산이 있나' 했던 거지요. 도봉산이라는 작고 아기자기한 산속에서 살다가, 또 다른 커다란 산을 보는 순간, 저 정상을, 저 능선을, 저 계곡을 내 몸으로 부딪치면서 이 두 발로 한번 올라가 봐야겠다 그런 충동을 느끼게 된 겁니다.

그 뒤부터 무서울 정도로 산에 빠져들기 시작했습니다. 대한민

산도 인생도 내려가는 것이 더 중요하다

국 전역에 흩어져 있는 여러 형태의 산들을 두루두루 다녔습니다. 일반적으로 걸어서 하는 산행을 한 것이 아니라 전문적으로 등산을 하기 위해 필요한 것들을 소화하면서 열심히 우리나라의 산들을 다녔습니다.

그러면서 산을 바라보는 시야가 점점 커졌습니다. 그러다 어느 순간 자신의 한계를 뛰어넘고 싶어진 겁니다. '이제는 대한민국의 산들은 어떤 형태, 어떤 유형의 산이든 진짜 더 이상 못 오를 산이 없다!' 자신감이 넘치는 거지요.

이제 조금 더 어려운 곳, 조금 더 높은 산에 도전해 봐야겠다. 그 곳이 바로 어디냐, 히말라야였습니다. 언젠가 기회가 되면 꼭 히말라야에 도전해 보겠다는 생각을 가지고 열심히 산을 다녔습니다.

이젠 산도,
바다도
두렵지 않다!

이십 대 초반은 절정으로 산에 미쳐서 살 때였습니다. 산이란 산은 다 헤집고 다녔고, 설악산 희운각대피소에서 선배들과 산장을 함께 운영하기도 했습니다.

체력과 정신력에서 남에게 뒤지지 않는다고 자부했던 만큼, 어차피 해야 하는 군 복무라면 조금은 특별하게 하고 싶었습니다. 산에 단련되어 있었으니까 제가 육군에 갔다면 행군이든 유격훈련이든 힘들 게 없었을 것입니다. 그래서 바다를 누비는 해군에 지원했습니다. 그런데 생각보다 힘들지 않더라고요(웃음).

해군에 가면 망망대해를 떠다니는 큰 배에서 고생하며 바다를 지키게 될 줄 알았는데, 막상 경험한 군 생활은 그게 아니었어요. 해군 224기 동기들 중 다섯 명만 인천 연안부두 쪽으로 발령을 받았는데, 제가 그중 한 명이었습니다. 타게 된 배도 제일 편하다는 경비정이었습니다. 조업 중인 어선들을 검문하는 배였는데, 출동해서 제가 하는 일이라고는 하루 종일 밥하는 것이었습니다. 취사병이 따로 없어서 식사를 도맡아 했어요.

그러다가 경비정 엔진에 불이 나서 엔진이 망가졌습니다. 간부와 선임들은 다른 부대로 발령받아 가고 저만 남아서 '폐선 관리 수병'으로 남은 부품을 관리했습니다. 저만큼 군기 빠진 이등병도 없었을 겁니다.

조직적인 생활, 단체생활이라든가 남자들의 세계를 배우고 체험하려고 해군에 왔는데, 막상 체험한 자대 생활은 이게 아니다 싶더라고요. '아 내가 이런 생활을 하자고 일부러 해군에 지원했나' 싶어 방황하고 있을 때, 해군특수전 UDT(수중파괴대) 28기 모집 벽보를 본 겁니다.

육해공 어느 곳으로나 침투 가능한 '인간 병기'가 될 수 있다니 제가 딱 원하던 곳이었습니다. 주위에서는 모두 말렸지만, UDT에 지원했습니다. 다시 훈련병이 된 것처럼 머리를 빡빡 밀고 더플백에 짐을 싸서는 훈련소가 있는 진해로 내려갔습니다. 그리고 6개월에 걸친 혹독한 기초훈련을 받았습니다.

처음부터 끝까지 안 힘든 훈련이 하나도 없었어요. 그중에서도 가장 혹독한 건 '지옥주' 훈련이었습니다. 일주일 동안 잠을 자지 않고 훈련했는데, 고무보트를 물에 띄우지 않을 때는 항상 머리에 이고 다녀야 했습니다. 그 상태로 산꼭대기까지 선착순 달리기도 하고 밥도 먹었습니다.

담력을 기르기 위해 한밤중에 혼자 화장터에 다녀오기도 했고, 시내 하수구에서 포복을 한 적도 있습니다. '생식주' 훈련 기간에는 아무런 보급품 없이 제주도 근처의 무인도로 버려져 칡뿌리와 야생 동물로 허기를 달래기도 했고요.

참 그때 후회도 많이 했습니다. 내가 왜 그렇게 편안하고 좋은 보직을 놔두고 이렇게 사서 고생을 하나, 내가 왜 이런 고통을 감내하겠다고 지원을 했나. 고된 훈련으로 체력과 정신력이 한계에 부딪혔습니다. 매일 밤마다 내일 퇴소해야지 하고 마음먹었습니다. 그러다가 아침이 되면 오늘만, 오늘 하루만 더 견뎌 보자며 자신을 다독였어요.

앞으로 인생을 살면서 더 어렵고 힘든 일들이 많을 텐데, 지금 이 순간을 이겨 내고 극복하지 못한다면 모든 것을 쉽게 포기하게 되고 인생의 영원한 패배자, 낙오자가 될 것이라고 생각하면서 힘들고 어려운 훈련을 이겨 냈던 것 같아요. 얼마나 훈련이 혹독했던지 끝까지 남은 사람은 120명 중에 겨우 40명뿐이었습니다.

산도 인생도 내려가는 것이 더 중요하다

UDT 대원으로 군 생활을 마치고 제대했습니다. 그때 저는 두려운 게 없었어요. 산이면 산, 물이면 물, 더 이상 아무것도 두렵지 않았습니다. '이제 내가 꿈꿔 온 히말라야로 가면 된다' 생각했는데, 마침 그때 제가 굉장히 존경하던 박영배 선배님께서 같이 히말라야 원정을 가자고 제안을 주셨어요. 저는 조금도 망설이지 않고 흔쾌히 "하겠습니다" 하고 대답했습니다. 그리고 제대한 다음 해인 1985년 히말라야에 첫발을 내딛게 됩니다.

그때가 1985년 동계 시즌이었어요. 아이고, 엄청 춥습니다. 히말라야의 겨울, 그것도 8천 미터 고도에서의 겨울이라는 것은 상상을 초월합니다. 바람과 추위는 말도 못해요. 엄청납니다. 5천 미터만 가도, 국을 떠놓으면 금방 얼어요.

처음 히말라야에 도전하면서 목표로 삼았던 산은 어떤 산이냐, 지구상에서 가장 높은 8,850미터의 에베레스트였습니다. 저도 참 겁이 없었던 것 같아요. 처음부터 얼마나 당찬 도전입니까. 당시 제 나이가 스물다섯이었는데, 그때는 해외 원정이 무엇을 의미하는지, 에베레스트가 어떤 곳인지 몰랐습니다.

에베레스트?
설악산 네다섯 배
높이밖에 안 되는 곳!

주위에서는 참 무모한 도전이라고 생각했을 겁니다. 지금 생각해도 참 말도 안 되는 원정이었어요. 히말라야 원정을 가게 되면 대원이 구성되는데, 그 당시 원정대원 중에 8천 미터 등반 경험이 있는 사람이 아무도 없었습니다. 네팔이라는 나라를 가본 사람도 없었어요.

이게 말이나 되는 일입니까. 지구상에서 가장 높은 산에 오르겠다면서 경험자도 없는 열악한 팀으로 원정을 간다니. 하지만 당시 제 생각은 '할 수 있다!'였습니다. '못할 게 뭐가 있냐. 설악산 네다섯 배 높이밖에 안 되는 산, 못 오를 게 뭐가 있냐' 하고 생각했어요.

원정대가 꾸려지면 대원마다 맡은 바 임무가 주어집니다. 식량,

장비, 수송, 의료, 행정, 촬영…… 제가 방금 얘기했듯이 원정대원이 다 무경험자들이에요. 그런데 히말라야는 '가자!' 한다고 다음 날 뚝딱 갈 수 있는 곳이 아닙니다. 히말라야 원정을 가게 되면, 그곳에서 한두 달 동안 먹고 입고 자고 하는 데 필요한 모든 것과 장비를 준비해서 가야 합니다.

현지에서 구입할 수 있는 거라곤 신선한 야채와 고기 정도입니다. 나머지는 식량을 맡은 사람들이 고추장, 간장, 고추냉이 소스 등의 양념부터 모든 재료를 여기서 준비해 가야 하는 거예요. 베이스캠프에서 닭볶음탕도 해 먹고 비빔냉면, 물냉면, 김치찌개, 된장찌개, 생선 구이 다 해먹어요. 삭힌 홍어를 가져가서 홍어찜도 해 먹고. 그런 걸 다 여기서 준비해 가야 하니 얼마나 품목이 다양하겠습니까.

장비도 마찬가지입니다. 단추부터 시작해서 실, 바늘, 이쑤시개, 귀이개까지 다 준비해서 가야 해요. 일단 히말라야 산속으로 들어가면 뭐든 쉽게 공급할 수가 없습니다. 아주 사소한 것조차도 필요할 때 없으면 안 되거든요. 돈이 있다고 금방 구입할 수 있는 것도 아닙니다. 굉장히 오랜 시간이 걸리기 때문에 준비를 잘해 가야 합니다. 그러니 얼마나 준비할 게 많겠습니까. 보통 원정대가 가져가는 화물량이 5톤, 10톤씩 됩니다.

그리고 계획을 세우고 실행에 옮기려면 자본주의 사회에서는 돈이 있어야 하지 않습니까. 저희가 8천 미터 원정을 한 번 하는 데 예산이 얼마나 드는지 아십니까? 억 단위 예산이 들어가요. 2억, 3억씩. 그러니 예산 마련하기도 얼마나 힘들겠어요?

에베레스트에 입산하려면 입장료를 얼마나 내야 하는가 하면, 네팔 같은 경우 5인 기준에 입장료만 7만 불입니다. 8천만 원이 넘는 돈을 내야 되는 겁니다. 다섯 명이 산에 들어가는 종이 한 장 값이 그런 겁니다. 그 외 8천 미터급은 1인당 만 불씩, 1,200만 원은 내야만 산에 들어가도록 허락합니다. 그러니 거기 가서 먹고 입고 자고, 수송하는 것부터 돈이 얼마나 들겠어요?

그러니 원정 계획을 세우고 실행에 옮길 때 얼마나 많은 어려움이 따랐겠습니까. 게다가 대원들이 다 무경험자고 말입니다. 하지만 대원 한 사람 한 사람이 꼭 해내고 말겠다는 강한 신념으로 목표를 향한 의지를 버리지 않았기 때문에, 어렵고 힘든 과정들을 다 참고 이겨 낼 수 있었고 히말라야를 향해 첫발을 뗄 수 있었습니다.

원정대는 해발 5,400여 미터 지점에 도착해서 베이스캠프를 쳤습니다. 만년설로 뒤덮인 에베레스트 정상을 보는 순간 '드디어 목표로 삼았던 에베레스트에 왔구나. 그동안 갈고닦았던 기량, 모든 것을 맘껏 다 발휘해 보자' 하고 마음먹었습니다.

하지만 에베레스트에 딱 들어서는 순간, 나 자신은 없는 겁니다. 원정을 떠나오기 전에 장기간 합숙훈련을 하면서 등반 기술을 익히고 손발을 맞췄지만 정작 에베레스트를 대했을 때는 그 위용 앞에서 주눅이 들었습니다.

처음 겪는 에베레스트의 겨울 날씨는 견딜 수 없을 정도로 혹독했습니다. 낙빙과 낙석이 사방에서 떨어지고…… 정말 지옥이 따로 없었어요. 결국 기량 한번 발휘해 보지 못하고, 7,800미터 지점까지 진출했다가 되돌아올 수밖에 없었습니다. 인간이 얼마나 나약하고 보잘것없는 존재인지 처절하게 깨달았지요.

더구나 하산하는 중에 7,300미터 지점에서 앞에 내려가던 셰르파가 낙석에 맞아서 발목이 으스러지고 말았습니다. 그리고 저는 순간적으로 몰아치는 돌풍에 휘말려서 50미터 아래로 추락했고요. 다행히 줄에 걸려서 목숨은 건졌지만, 혼비백산해 가지고 산을 내려왔습니다.

처음부터 겁도 없이 자신감만 가지고 오르겠다고 한 거지요. 실패 원인은 기상 악화와 경험 부족이었습니다. 내가 얼마나 우물 속 개구리였는지를 깨달았습니다. 바깥으로 팔딱 뛰쳐나와서 보니까 8천 미터는 산이 아닌 거예요. 인간이 감히 범접할 수 없는, 신의 영역이나 마찬가지인 거지요. 내가 너무 우습게 봤구나, 너무 무모한 도전이었구나 깨달았습니다.

이듬해인 1986년에 한 번 더 에베레스트에 도전했습니다. 이제는 8천 미터 고산을 오르는 데 어떤 부분이 취약한지 알지 않습니까. 엄청나게 피나는 훈련을 했습니다. 8,550미터 에베레스트를 올라가고도 남을 충분한 기량을 갖추었다고 스스로 생각됐을 때 또 도전을 했습니다. 똑같은 산을, 똑같은 시즌에, 똑같은 길로.

두 번째 갔을 때는 현지 행정절차부터 산을 올라가면서 만나는 지형지물까지 모든 것이 익숙하지 않겠습니까? 불과 1년 전에 실패한 산을 다시 가는 거니까 등정이 순조롭게 진행됐어요. 정상 부분이 점점 가깝게 다가오는 겁니다. 그런데 전혀 예상치 못한 사고가 터졌습니다.

밑에서 두 명의 현지인 셰르파가 올라갈 때 필요한 중요 장비라든가 식량을 수송해 주기로 했어요. 그걸 갖다 주면 저희는 위로 등반을 하기로 한 겁니다. 그런데 그중에 한 명이 로프를 타고 절벽을 올라오다가 실족해서 절벽 아래로 떨어졌습니다.

눈앞이 캄캄했습니다. 어떻게 이런 일이 벌어질 수가 있나. 아, 그 순간 산을 딱 올려다보는데, 그전까지 별거 아니라고 생각했던 에베레스트 정상이 너무너무 두려운 겁니다. 밑을 내려다보니까 깎아지른 절벽이에요. 갑자기 몸이 벌벌 떨리고 숨도 안 쉬어져요.

거대한 산이 저를 옥죄어 오는 것 같았습니다. 큰 산이 저한테 쏟아져 내려오는 것 같은 겁니다. 온 사방에서 피웅피웅 총알 소리 내면서 낙석이 쉼 없이 떨어지죠, 바람도 세차게 불어오죠. 몸을 가누지 못하겠는 거죠. 그럼 포기해야죠. 어떻게 합니까. 내려가야죠. 에베레스트에서 가장 어렵다는 겨울철 남서벽 루트를 캠프 5까지 개척해 놓은 상태였지만, 포기하고 내려왔습니다.

로프를 잡고 병풍처럼 새까맣고 커다란 절벽을 내려오면서 시신이라도 찾으려고 주변을 둘러보았어요. 어딘가 바위 틈새에 끼어 있지 않을까. 처참했어요. 옷과 배낭이 찢긴 채 바위에 걸려 있고, 눈 위에는 선명한 핏자국이 여기저기 보였습니다.

더 내려오니까 등산화가 바위에 딱 끼여 있어요. 고개를 돌렸습니다. 발목이 동강 나 걸려 있을 것 같아서. 히말라야 등반에 사용하는 신발은 내피와 외피로 구성된 이중화고 끈도 이중으로 묶게 돼 있어서 웬만해선 벗겨지지 않거든요. 마음을 다잡고 가까이 갔더니 신발만 있었어요.

그걸 보면서 내려오는데 덜덜 떨렸습니다. 바닥까지 내려왔는데도 시신이 안 보이는 겁니다. 이 친구가 떨어진 하반부가 빙하가 갈라진 틈, 크레바스예요. 그렇게 처음으로 인간의 죽음을 목도한 겁니다. 사는 것과 죽는 것이 큰 차이가 없구나. 눈을 떴다 감았다 하는 순간에 생사가 갈리는구나. 죽음이라는 것이 결코 멀리 있는 것이 아니라 내 옆에서 같이 숨 쉬고 있다는 걸 느꼈어요.

시신도 못 찾고 내려오는데, 마을 입구에 사람들이 웅성웅성 모여 있어요. 울음소리도 나고. 마을에 들어가니까 사람들이 달려들어 저를 붙잡고 울어요. 땅을 치고 통곡하는 겁니다. 유명을 달리한 술딤 도르지라는 셰르파의 마을이자 고향이 거기예요. 숨딤의 홀어머니는 "내 아들 살려 내라"고 몸부림을 치고, 결혼한 지 5개월밖에 안된 숨딤의 아내는 하염없이 눈물만 흘렸습니다.

자신감으로
실패의 두려움을
물리치다

그때 처음 산에 오른 것을 후회했습니다. 돌아오는 비행기 안에서 두 번 다시 산을, 히말라야를 오르지 않겠다고 굳게 마음먹었습니다. 집에 도착하면 직장을 구하고 결혼을 하고, 남들처럼 평범하게 살겠다고 다짐했어요. 한동안 그 충격 때문에 많이 힘들었습니다.

그런데 단호하게 끊으려고 했던 산이라는 존재가, 저를 그냥 내버려 두지 않는 겁니다. '안 간다'고 완강히 버텼습니다. 그런데 얼마 지나지 않아 '안 간다'가 '간다'로 바뀌기 시작했습니다.

'그래도 어쨌든 나는 살아 있지 않은가?' 하는 생각이 들었습니다. 죽은 동료를 생각해서라도 에베레스트 정상에 올라야겠다는 생각이 들었어요. '포기할 때 포기하더라도 정상에 올라서고 포기하는 게 맞다'라는 오기가 발동하는 겁니다. 그것이 살아남은 자의 도리라고 생각했습니다. 그렇게 다시 도전할 용기가 생겼습니다.

당시 1988년 서울올림픽 개최를 앞두고 있었는데, 대한산악연맹에서 올림픽의 성공적인 개최를 기념하는 의미에서 에베레스트 등정을 계획했고, 그 원정대원으로 선발된 겁니다. 결국 저는 세 번째 도전 만에 세계에서 가장 높은 에베레스트 정상에 두 발을 딛고 서서 성공의 눈물, 감격의 눈물, 기쁨의 눈물, 환희의 눈물을 막 쏟아냈습니다.

거기서 내려다보는 히말라야 대자연의 아름다운 파노라마는 환상적이었습니다. 네팔 쪽으로는 뭉게구름 바다가 펼쳐집니다. 제가 구름 위에 올라가 있는 거죠. 중간중간 하얀 설산들이 섬처럼 떠 있고, 티베트, 중국 쪽은 까만 흙모래 산들이 좍 펼쳐집니다. 완전 극과 극이 대비되는 정점에서, 다시 새로운 자신감과 용기를 얻고 산을 내려왔습니다.

산을 오르다 보면 예기치 못한 상황이 벌어질 때가 너무 많습니다. 빙하와 빙하 사이 천 길 낭떠러지 크레바스가 불쑥 나타나기도 하고, 눈사태가 일어나기도 합니다. 강풍이 몰아칠 때도 있고, 낙석과 낙빙도 수시로 맞닥뜨립니다. 그러한 수많은 위험들에 대처하려면 수없이 실패하면서 몸으로 부딪쳐 체득하는 수밖에 없습니다.

산도 인생도 내려가는 것이 더 중요하다

| 1988년 9월 26일 에베레스트 정상에서. 히말라야에서 거둔 첫 성공이었다.

　만약 제가 두 번째 실패에서 자신감을 잃었다면 아마도 두려워서 다시는 산을 오르지 못했을지도 모릅니다. 하지만 당시 저를 다시 일으켜 세웠던 생각은 이런 것이었습니다.

　'한 번 오르고 말 산이 아니다. 얼마나 많이 실패하느냐에 따라 어떤 상황에서도 대처할 수 있고, 역경을 딛고 일어날 수도 있다.'

　무슨 일을 하든 자신감이야말로 절대적으로 필요한 겁니다. 할 수 있다는 느낌! 자신감이 충만한 사람은 혹여 실패하더라도 중도에 절대로 포기하지 않습니다. 자신감이 있는 사람들은, 강렬히 원하는 것은 분명히 실현될 것임을 알기에 마음속으로 그 순간을 그리며, 그것을 위해 한 걸음 한 걸음 노력하며 나아갑니다.

등산의 기술 2

분명하고
구체적인 목표를
정하라

꿈이 없으면 이룰 수도 없다

에베레스트 등정 성공 이후 저는 자신감을 가지고 히말라야 8천 미터 고봉에 계속 도전했습니다. 그런데 여섯 번을 내리 실패했어요. 한 번도 성공하지 못한 겁니다. 너무나 고통스럽고 괴롭더라고요.

한두 번도 아니고 여섯 번을 실패할 때 그 심정이 어떠했겠습니까. 솔직히 죽고 싶은 마음밖에 안 생겨요. 왜 나는 가는 곳마다, 하는 일마다 계속 꼬이고 안 풀리고 실패하는 걸까. 더 솔직히 말하면 나는 왜 이렇게 재수가 없는 걸까.

다른 팀들은 가서 성공하고 개선장군처럼 돌아오는데, 제가 가면 다 실패예요. 실패야 그렇다 칩시다. 그 과정에서 두 번이나 동상에 걸렸습니다. 발가락이 썩어 들어가 오른발 엄지발가락 한 마디와 검지 발가락 일부를 잘라 냈습니다.

얼마나 고통스러웠겠습니까. 점점 좌절의 늪에 빠지는 거지요. 포기하고 싶고 용기가 안 생기고. 그런 상황에서도 누가 히말라야에 가자고 하면 그 미련을, 유혹을 떨치지 못하고 원정을 다닌 겁니다.

눈을 부릅뜨고 두 발에 힘을 주고, 이번에는 기필코 어떤 일이 있더라도, 죽는 한이 있어도 정상이라는 걸 한번 밟고 내려오겠다 해도 모자랄 판에, 정상을 쳐다보며 발걸음을 떼면서도 '이거 성공할 수 있을까? 잘될까? 성공해야 되는데…… 잘해야 되는데…… 이러다 또 사고가 나면 어떡하지? 이러다 또 동상 걸리면 어떡하지? 이러다 죽는 거 아니야?' 이런 생각을 하면서 올라갔습니다.

그런 도전이 과연 성공할 수 있겠습니까? 시작부터, 첫발을 내딛는 순간부터 안될 것부터 생각하고 부정적인 생각과 사고로 정상을 가겠다고 하니 과연 그 일이 잘될 수 있겠어요? 당연히 실패죠, 실패. 당연지사 아니겠습니까. 그 과정을 통해 저는 자신감이 얼마나 중요한지 뼈저리게 깨달았습니다.

그러기 위해서는 필요한 것이 더 있습니다. 숱한 실패와 좌절의 순간에 중심을 잃지 않고 앞으로 나아가려면 분명한 목표가 있어야 합니다.

당시만 해도 저는 히말라야 8천 미터 고봉 14좌, 16좌를 오른다는 것을 꿈도 꾸지 못했습니다. 상상조차도 못 했던 일입니다. 아주 먼 나라 이야기였어요. 아주 특별한 사람들만 할 수 있는 일이라고 생각했던 겁니다.

당시만 해도 14좌를 오른 사람이 세 명밖에 없었는데 다 서양 사람이었습니다. 그것도 유럽 사람들이었지요. 하물며 동양의 이런 자그마한 황색 인종이 열악한 환경, 열악한 조건에서 8천 미터 14개 봉우리를 완등한다는 걸 상상이나 하겠습니까.

환경적으로 따지자면 한국에서 가장 높은 산이라고 해봤자 1천여 미터밖에 안 됩니다. 반면 유럽 같은 데를 보세요. 3천 미터, 4천 미터…… 고소 적응하기도 좋고, 1년 사시사철 설산이니 얼마나 훈련하기도 좋겠습니까. 게다가 앞서 설명했듯이 히말라야 원정 가는 게 그저 돈 몇 푼 들고 가는 게 아니지 않습니까. 정말 힘들었습니다.

그래서 성공이든 실패든 제가 좋아하는 하얀 설산과 같이 호흡하고 부딪치는 것 자체로 만족하고 다녔어요. 그러다가 제가 목표를 세우고, 꿈을 꾸고, 그것을 실현하기 위해 매달리기 시작한 것은 1995년도부터입니다.

뒤로 물러설 수
없을 때
강해진다

가깝게 지내는 후아니토Juanito Oiazabal라는 스페인 친구가 있었습니다. 히말라야 8천 미터 고봉을 등반하다 보면 산에서 외국인 친구들도 자주 만나게 돼요. 후아니토는 1990년 가을에 에베레스트 남서벽에서 처음 만났고, 1992년 여름 낭가파르바트(해발 8,125미터)에서도 만났습니다.

당시 후아니토는 이미 8천 미터 14좌를 완등하겠다는 목표를 세워 놓고 산에만 다니고 있었어요. 산에 올라갔다 내려와서 쉬고 먹고 체력 보강하고, 또 그다음 산 올라가고⋯⋯. 예산 마련이나 원정 준비를 하는 팀은 따로 있어서 산만 올라가면 되었습니다. 볼 때마

산도 인생도 내려가는 것이 더 중요하다

다 참 부러웠지요.

그런데 전혀 뜻밖의 지역에서 이 친구를 만났습니다. 남미 최고 봉인 아콩가과(해발 6,959미터)라는 산이 있어요. 아르헨티나와 칠레 국경에 걸쳐 있는 산인데, 안데스 산맥에 속해 있습니다. 제가 거기 갔는데, 후아니토도 온 거예요. 사전에 약속한 것도 아닌데, 얼마나 반갑겠습니까. 같이 등반해서 성공을 하고 내려왔어요.

얼마나 기분이 좋습니까. 같이 식사하고 와인도 한잔 하는데, 이 친구가 저한테 이런 제안을 하는 겁니다.

"미스터 엄, 기회 되면 나하고 8천 미터 등반을 같이 해보는 거 어때?"

제가 좋다고 했더니 이 친구가 "그러면 올 3월 어때?" 하는 겁니다. 당장 있을 마칼루 원정에 초대한 것입니다. 1월 초에 만났는데, 3월 등반이면 준비할 기간이 너무 짧았습니다. 제가 가능하겠느냐고 물었더니 자신이 모든 준비를 다할 테니, 저는 개인 장비를 갖추고 네팔을 오가는 왕복 항공료만 부담하라고 했습니다.

저는 그때까지 히말라야 등반을 하면서 그렇게 좋은 조건을 만나 본 적이 없었습니다. 저를 이렇게까지 생각해 주다니, 정말 고마웠습니다. 하지만 선뜻 그 자리에서 "하겠다"는 말은 하지 못했습니다. 국내에 들어가서 일정을 체크해 보고 연락을 주겠다고 했어요.

한국에 돌아가 봤자 저한테 무슨 바쁜 일이 있고 일정이 있겠어

| 14좌 완등이라는 새로운 가능성을 열어 준 친구, 스페인의 산악인 후아니토(사진 가운데)와 함께.

요? 없습니다. 산에만 다니고 있을 때인데. 그때 저는 머릿속이 복잡했어요. 한국인들끼리 가도 팀워크가 안 맞아서 잡음이 생길 때가 있는데, 피부색도, 언어도, 문화도 다르고 개성도 제각각인 다른 나라 사람들하고는 어떻겠습니까?

저희는 좋은 환경, 조건에서 생활하는 게 아니거든요. 극한의 상황, 최악의 상황으로 계속 치닫기 때문에, 아무리 자신의 단점을 감추고 좋은 점만 동료들에게 보이려고 해도 그럴 수가 없습니다. 상황이 점점 힘들어지다 보면 자신도 모르게 단점이 나오고, 안 좋은 모습을 상대방한테 보일 수밖에 없어요. 과연 저 친구들하고 좋은 등반을 할 수 있을지 걱정이 되는 겁니다.

산도 인생도 내려가는 것이 더 중요하다

또 한 가지는 그동안 저 나름대로 등반을 하면서 성공도 하고, 실패도 하고 많은 경험을 쌓았는데, 스페인 원정대하고 등반을 하게 되면 서로 선의의 경쟁을 할 게 아닙니까. 후아니토는 실력 면에서 손색없는 등반 파트너라고 생각해서 저를 추천했는데 기대에 못 미쳐서 창피를 당할 수도 있잖아요.

내 인생에 다시 오지 않을 절호의 찬스인데 잡아야 되나, 말아야 되나. 고민, 고민한 끝에 합류를 결정했습니다. 그들과 함께 등반하면서 내 존재를 증명해 보이고 싶었습니다. 그들에게 지지 않으려고 나름대로 엄청난 훈련을 했습니다.

그렇게 떠난 마칼루 원정은 2차 시도를 했는데, 모두 실패했습니다. 55일간 정상에 오르기 위해 악전고투했는데, 실패, 또 실패한 것입니다. 날씨는 안 좋죠, 식량도 거의 떨어져 가죠. 장비도 소실돼 남은 게 없죠. 최악의 상태가 된 것입니다. 그렇게 되면 대원들은 포기하고 내려가고 싶은 생각밖에 들지 않아요. 그런데 대장은 미련을 가지고 한 번 더 정상에 도전하려고 버티고 있는 겁니다.

결국 대장이 대원들을 불러 모아 철수 결정을 알렸습니다. 저도 그 말이 대장 입에서 나오기를 얼마나 학수고대했겠습니까? 그런데 막상 그 말을 듣는 순간, '그러면 안 된다'는 생각이 들었습니다. 원정이 실패하면 그 모든 화살이 저한테 돌아올 거라는 데 생각이 미친 것입니다.

다시 한 번 생각해 보자고 대장을 설득했습니다. 얼마나 고생해서 여기까지 왔냐, 그리고 우리가 같이 한 첫 합동 등반이라 국내뿐 아니라 국외에서 관심 있게 지켜보고 있는데 실패하면 망신 아니냐. 대장은 고민하더니 전열을 가다듬어서 마지막으로 한 번 더 도전해 보자고 했습니다.

마지막 사력을 다해서 정상에 오를 기회를 기다렸고, 찬스가 오자 대원들은 죽을힘을 다해 정상에 올랐습니다. 결국 세 번째 시도 만에 8,463미터 마칼루 등정에 성공했어요. 전 대원이 다 올라섰습니다. 얼마나 감격적이겠습니까. 태극기를 들고서, 그 친구들 다 끌어안고 눈물을 흘렸습니다.

사람은 뒤로 물러설 수 없을 때 강해진다는 말이 있지 않습니까? 죽을 각오를 하고 임하는 사람은 결국 살아남습니다. 절실한 마음, 이루어 내야겠다는 간절한 마음이 그 사람을 성장하게 해요. 그 의지와 투지가 성공을 이끌어 내는 데 밑거름이 되는 것입니다.

만약 그 마칼루 원정에서 두 번 실패하고 산을 내려갔다고 생각해 보세요. 대원들끼리 좋은 관계가 되었겠습니까? 서로 욕하고 불신하고…… 앙금이 남았을 것입니다. 하지만 극한의 상황에서도 포기하지 않고 희망을 가지고 도전했기 때문에 성공할 수 있지 않았나 생각합니다. 다른 어떤 고봉 등정에 성공했을 때보다 기분이 좋았습니다. 서양인과 함께한 첫 합동 등반이었으니까요.

원래는 한 번만 등반을 같이 하자고 했었는데, 그 등정이 계기가 되어서 그 뒤로 다섯 번을 같이 다녔습니다. 그리고 다섯 번 가서 다섯 번 다 성공했습니다. 그것이 가능했던 이유는 서로 많은 것을 배웠기 때문이 아닌가 합니다. 그들은 저에게 희생정신, 동료애, 팀워크를 배우고, 저는 그들에게 조직력과 기술력을 배우며 서로 윈윈한 것이지요.

심상사성,
간절히 원하면
이루어진다

마칼루 원정을 마치고 내려오면서 처음으로 히말라야 8천 미터 14좌 완등이라는 꿈을 그려 보기 시작했습니다. '나도 할 수 있겠다, 나도 해보자'라는 자신감과 더불어 8천 미터 14좌 완등이라는 목표를 세우고 도전하기 시작한 것입니다.

산을 오르는 건 마찬가지였지만, 그전과는 달랐습니다. 그전에는 한 번 갔던 봉우리도 기회가 생기면 다시 갔고, 실패한 루트를 통해 고집스럽게 오르다가 실패하기도 했습니다. 성공을 하든 실패를 하든 상관없이 8천 미터를 다닌 것뿐이었다면, 이제는 확실한 목표가 생긴 것입니다.

산도 인생도 내려가는 것이 더 중요하다

그 뒤로 저는 한 번도 자신감 없이 산을 오른 적이 없습니다. 100퍼센트 나의 꿈을 이룰 거라는 확신을 가졌습니다. 단 한 번도 안될 것이라는 부정적인 생각은 하지 않았습니다. 명확한 목표와 자신감은 넘어지고 좌절하더라도 다시 일어설 수 있는 힘이 되었습니다.

에베레스트를 최초로 등정한 에드먼드 힐러리 경은 이런 말을 했습니다.

"꿈이 있는 사람은 실패해도 좌절하지 않는다."

꿈과 목표가 구체적으로 정해져 있지 않다는 것은 정해진 방향 없이 방황하고 있다는 것입니다. 그래서는 어떤 것도 이루기가 힘듭니다. 목표가 없으면 반드시 무엇을 해야 할 이유도, 동기도 없기 때문이지요. 해도 그만, 안 해도 그만이라는 무기력에 빠지기도 쉽습니다. 그렇게 좌충우돌하다 보면 제대로 도전해 보기도 전에 흐지부지되고 맙니다.

하지만 삶의 방향이 구체적으로 정해지고 목표가 세워지면 모든 행동들이 목표와 꿈을 향하게 되고, 확실한 동기 부여가 이루어집니다. 노력하는 과정에서 성취감, 열정, 기쁨, 보람 등을 경험하게 되고, 그러다 보면 간절히 원했던 목표에 다가서 있는 자신을 발견하게 되지요.

저 역시 그러했습니다. 오직 한 길, 8천 미터 14좌. 이걸 꼭 이뤄야 된다고, 거기에 모든 것을 맞추고 몰입하다 보니 안 되는 것 같고, 안 풀리는 것 같으면서도 어느 순간 그 꼬였던 실타래가 풀리고 막혔던 벽이 뚫려 나가곤 했습니다.

제가 좋아하는 말 중에 심상사성心想事成이란 말이 있습니다. 어떤 일에 대해서 간절히 바라고 원하면 그것은 분명 이루어진다고 생각합니다. 그 간절히 바라고 원한다는 것이 대충 뭐가 됐으면 좋겠다, 정상 갔으면 좋겠다, 이래서는 안 되겠지요. 죽을 각오를 하고, 죽을 힘을 다해서 바라고 노력해야 합니다.

만약 제가 어영부영 건강을 위해서, 취미 삼아서 '8천 미터 한번 가볼까?' 이런 식으로 산을 다녔다면 모든 것이 강한 반대에 부딪쳤을 것이고, 아무것도 이룰 수 없었을 것입니다. 하지만 이루고자 하는 꿈이 확고부동하고 의지와 신념이 강했기 때문에 그 모든 부수적인 것들, 금전적인 것이며 가족의 반대 같은 부분들도 다 해결되지 않았나 생각합니다.

여러분은 지금 간절히 이루고 싶은 것이 있습니까? 꿈을 찾기 위해서는 자기 자신을 냉철하게, 객관적으로 판단할 수 있어야 합니다. 자신과의 끊임없는 대화가 필요합니다. 스스로에게 물어보세요. 무엇이 자기에게 맞고, 맞지 않는지. 그리고 어떤 일을 할 때 가슴이 뛰는지. 진정 하고 싶고 이루고 싶은 일이 무엇인지 찾아보세요.

꿈을 향해 달려간다면 반드시 길이 열릴 것입니다. 사방에서 도움의 손길이 나타날 것입니다. 자신이 진정 모든 것을 바쳐서 하고 싶은 일에 전력을 다해서 나아가는 사람만큼 아름다운 인생은 없습니다. 그 이상 가치 있는 삶은 없습니다.

등산의 기술 3

모든 것은
나 자신과의
싸움이다

가장 많은
눈물을
안겨 준 산

8천 미터 봉우리를 등반하는 과정에 수많은 시련과 고통, 실패와 좌절, 희생이 따랐습니다. 수없이 사선을 넘나들었습니다. 그 봉우리들 중에서 저한테 가장 많은 희생과 눈물을 안겨 준 산이 있어요. 안나푸르나입니다.

안나푸르나(해발 8,091미터)는 풍요의 여신이라고 불러요. 네팔에 있는 히말라야 8천 미터급 여덟 개 봉우리 가운데 서쪽 맨끝에서 첫 번째에 해당합니다. 안나푸르나는 네 번의 실패 끝에 다섯 번째 정상에 도전해서 성공한 산입니다. 그 과정에서 세 명의 동료를 잃었고, 저 또한 그 산에서 죽음의 고비를 넘어 겨우 살아 돌아왔습니다.

안나푸르나에 세 번째 도전했을 때입니다. 1997년 봄이었는데, 며칠 동안 폭설이 내려서 나가지도 못하고 베이스캠프에 갇혀 있었습니다. 그런데 갑자기 날씨가 쨍하고 좋아진 겁니다. 셰르파 나티가 대원들이 모두 쉬는 새벽에 제 텐트를 찾아왔어요. 날씨가 괜찮으니 등반을 시작하는 게 어떻겠냐고 하는 겁니다. 눈사태 위험도 있고 해서 하루이틀 더 있다가 올라가려고 생각했는데 말이지요. "그래 가자" 하고 장비를 챙겨 가지고 등반에 나섰습니다.

베이스캠프는 4,300미터에 위치해 있었는데, 며칠 동안 눈이 많이 내렸으니까 그동안 냈던 길이 다 없어졌을 거 아닙니까. 눈을 헤치면서 거길 뚫고 막 올라갔습니다. 캠프 1에 도착했는데, 모두 지쳤죠. 나티가 맨 뒤에서 따라오고 있었는데, 컨디션이 안 좋아 보였어요. '저 친구 몸이 안 좋은가?' 그래서 캠프 2 가는 구간은 대원들을 교대로 앞장세우려고 했는데, 나티가 굳이 본인이 앞장서서 가겠다고 하는 겁니다.

장비 챙겨 가지고 대원들을 독려하며 올라갔습니다. 눈이 쌓여서 무릎, 허벅지까지 빠져요. 앞사람이 낸 발자국을 보면서 따라가는 겁니다. 바람 때문에 모두 고개를 숙인 채 전진하고 있었어요. 한 40분에서 한 시간 정도 이동했을까. 어느 순간 고개를 들었는데, 앞이 휑한 겁니다. 사람이 있어야 할 것 같은데, 순간적으로 멍해지더라고요.

산도 인생도 내려가는 것이 더 중요하다

그런데 한 10미터 앞에 시커먼 웅덩이 같은 게 보이는 겁니다. 아 저기 빠졌구나! 막 달려갔어요. 웅덩이라고 믿었던 건 '히든 크레바스'였습니다. 크레바스 안을 내려다보았더니, 밑이 어두컴컴해요. 막 소리를 질렀어요.

"나티! 나티!"

그때 덫에 걸린 짐승이 마지막 숨을 거두기 전에 내는 소리 같은 '그르렁' 하는 소리가 들렸어요.

"나티, 죽으면 안 돼! 기다려, 기다려!"

캠프 1에서 줄을 가져와 타고 내려갔습니다. 불과 20여 분밖에 안 됐는데, 내려가니까 나티는 벌써 숨을 거둔 상태였습니다. 얼마나 기가 막힙니까. 크레바스가 11자로 된 게 아니고 바닥에 구멍이 뚫린 V자 형태라, 추락하면서 좁아진 틈새에 끼여 있었던 겁니다.

아까 소리를 질렀을 때, 나티는 마지막 숨을 거두고 있었던 겁니다. 울면서 나티의 시신을 헬리콥터로 실어 보냈습니다. 며칠 뒤 다시 등반에 나섰지만 실패하고 돌아왔습니다.

살아 있는 한
포기란 없다

그러고 네 번째로 안나푸르나에 또 간 겁니다. 히말라야 14좌에 들어가 있는 산이니까. 어차피 올라야 하는 산이니까. 네 번째 올라갈 때 제 심정이 어땠겠습니까.

'다른 사람들은 첫 번째, 두 번째, 세 번째 가면 정상의 문을 열어 주는데, 왜 나한테는 이렇게 시련을 주고 고통을 주는 겁니까. 왜 이렇게 눈물을 안겨 주는 겁니까. 제발 이번만큼은 안나푸르나 신이시여, 성공할 수 있도록 저를 정상으로 인도해 주십시오.'

이렇게 간절히 기도하는 마음으로 산에 올랐습니다. 살얼음판 걷는 심정으로, 발뒤꿈치도 제대로 떼지 못하고 조마조마한 마음으

산도 인생도 내려가는 것이 더 중요하다

로 올라갔습니다. 그런 간절한 기도 덕분이었는지는 모르지만 세 번째 실패했을 때보다 눈 상태도 좋고 날씨도 좋았습니다. 뭔가 높이 올라가면 올라갈수록 정상에 대한 희망이 보이는 겁니다. 이번엔 잘 될 것 같은 예감이 들었어요.

결국 7,500미터 지점에 딱 올라섰습니다. 올라서니까 만년설에 뒤덮인 안나푸르나 정상이 딱 눈에 들어오더라고요. 정상이 바로 눈 앞에 보이자 기쁜 마음과 함께 자만심이 생기기 시작했습니다.

'드디어 내가 네 번째 만에 안나푸르나 정상에 발을 디딜 수 있겠구나. 저길 왜 여태 오르지 못하고 세 번씩이나 실패를 한 거야.'

그전까지 간절하게 기도했던 마음, 겸손한 마음은 눈 녹듯이 사라지고 정상을 향한 욕심과 자만심이 그 자리를 차지하게 된 것입니다. 다른 대원들도 벌써 성공한 것처럼 자축 분위기에 빠졌어요.

정상까지 600여 미터밖에 안 되지만 1박 2일이 걸리는 엄청난 길입니다. 거기서부터가 진짜 어렵고 위험한 구간인데, 벌써 갔다 온 것처럼 나사가 풀려서 희희낙락했던 겁니다.

"빨리 이동해 가지고 텐트 치고 자자."

한 시간 정도 이동한 다음 텐트를 치고, 다음 날 정상을 향해 갈 예정이었습니다. 30~40분 정도 올라간 것 같아요. 하얀 얼음 사면 인데, 앞서가던 셰르파 다와가 주춤거리는 겁니다. 앞에 크레바스가 있다고 했습니다. "건너뛰면 되잖아!" 했더니 폭이 넓어서 건너뛰기가 만만찮다고 했습니다.

"그럼 그냥 내려와. 내가 한번 볼게. 대체 어떻길래 그래?"

이 친구가 뒤돌아서 딱 내려서는데, 기우뚱하더니 발 한쪽이 허공으로 치솟는 거예요. 위에 있던 다와가 순간적으로 제 옆을 지나갔습니다. 미끄러진 겁니다. 순간적으로 밑을 보는데 로프가 지나가더라고요.

마지막 캠프에서 정상 올라갈 때 위험 구간에서 쓰려고 200미터 되는 줄을 다와에게 맡겼는데, 지고 가면 무거우니까 저 밑에다 내려놓고 신발에 묶어 가지고 질질 끌고 올라가고 있었어요. 순간적으로 살려야겠다는 생각에 그 로프를 잡았습니다.

가속도가 붙으니까 이게 제대로 잡히겠습니까? 로프는 계속 타고 나가고, 두꺼운 장갑을 꼈는데도 마찰력 때문에 손이 타들어 가는 것 같았습니다. 계속 잡을 수도 없고, 놓을 수도 없어 고민하는데 순간 뭐가 제 오른다리를 팍 치더라고요. 설사면을 저도 구르기 시작했습니다.

'결국은 나도 이렇게 끝이 나는구나. 죽는구나.'

그 짧은 순간에 먼저 간 동료들의 얼굴이 막 떠올랐습니다. "형 죽으면 안 돼! 정신 차려야 돼!" 울부짖는 소리가 들려요. 가족, 친지, 친구들의 얼굴이 순간적으로 영상이 스치듯 지나갔습니다.

'내가 이렇게 죽으면 안 된다. 정신 차리자. 정신을 차릴 수 있는

산도 인생도 내려가는 것이 더 중요하다

데까지 차려 보자.'

떨어지면서도 이를 악물었습니다. 어느 순간 정지된 느낌이 들면서 추락하던 몸이 멈췄습니다. 눈을 뜨는데 눈꺼풀이 굉장히 무거워요. 희뿌옇게 안개 속에 나타나듯이 산의 형체가 보였습니다. 밑을 보니 다와가 10여 미터 아래서 줄에 매달려 가지고 저를 쳐다보고 있더라고요. 저는 온통 로프로 뒤엉켜 가지고 눈 속에 처박혀 있고요.

줄을 풀어 헤치면서 눈 속에서 나왔습니다. 셰르파도 기어 올라와서 앉았습니다. 눈에 박혀 있는 발을 천천히 빼냈어요. 왼발을 먼저 꺼내고 오른발을 꺼내는데 순간 뭔가 이상했어요.

'오른발이 왜 이러지? 왜 발가락이 뒤에 가 있지?'

엄지발가락이 보여야 할 자리에 뒤꿈치가 놓여 있는 겁니다. 원위치로 돌리려 해도 되질 않았습니다. 셰르파가 와서는 발목을 확 잡아 뽑았어요. 뼈 사이가 분리가 된 것 같아요. 그리고 발목을 비트니까 슬슬 뒤로 갔던 발가락이 앞으로 왔습니다.

'그전이랑 똑같네, 제대로 돌아왔네.'

"자 다시 올라가자." 일어나서 왼발을 딛고 오른발을 딛는데, 갑자기 발목이 안으로 휘감기는 겁니다. 그때 정신이 돌아왔어요. 그 고통은 이루 말할 수가 없었습니다. 발목이 꺾였는데 혼자서 덜렁거려요. 갑자기 발끝에서부터 모든 에너지가 머리 끝으로 좍 빠져나가는 것 같아요. 픽 주저앉았습니다.

"어우 내 다리, 내 다리."

빨리 고정해 보라고 하는데, 등산화가 얼마나 무겁습니까. 결국 신발을 칼로 끊어 내서 벗겼어요. 발목 뼈를 고정시켜야 하는데, 거기 부목이 어디 있으며, 붕대가 어디 있어요? 천만다행이었던 게 마침 대나무 표식기가 있었습니다. 여섯 개를 30센티미터씩 잘라 가지고 발목 주변에 대고 노끈을 잘라서 칭칭 감고는 발을 감쌌어요.

한 발로 이를 악물고 울면서 산을 내려왔습니다. 살려면 무조건 베이스캠프까지 내려가야 했습니다. 헬기는 고도 5,700미터 이상을 날아오르지 못합니다. 공기가 희박해서 프로펠러가 돌아가지 않아요. 헬기가 착륙할 수 있는 가장 가까운 곳이 베이스캠프인데, 거기까지 가려면 2박 3일이 걸립니다. 그것도 멀쩡한 두 다리로 내려갔을 때 이야기지요.

평지라면 동료들의 도움을 받을 수 있겠지만, 해발 7천 미터가 넘는 깎아지른 빙벽에서 사고가 났을 때는 혼자서 갈 수밖에 없습니다. 거기서 포기란 곧 죽음입니다. 저는 팔꿈치로, 무르팍으로 몸으로 할 수 있는 모든 행위를 다 하면서 내려가기 시작했습니다. 내려가야 살 수 있으니까. 살아서 돌아가야 하니까.

오후 2시에 사고가 났는데, 밤 11시경에 6,500미터 지점의 캠프 3에 도착했습니다. 오른쪽 다리는 감도 없고, 발목이 축구공처럼

| 1998년 봄 안나푸르나에 네 번째 도전했으나, 사고로 오른 다리를 다쳐 2박 3일 동안 3천 미터 이상을 오체투지 하듯이 기어서 내려와야 했다.

부풀어 올랐어요. 텐트에서 하룻밤을 자는데 견딜 수 없는 통증이 밀려왔습니다. 진통제를 몇 알 먹었는데도 통증이 가시질 않았어요. 또 얼마나 춥습니까. 몽롱해지면서 정신을 잃어 가는 겁니다.

"내 다리, 내 다리……" 하다가 깜박 졸면 죽음의 그림자가 저를 향해서 다가오는 겁니다. 퍼뜩 깨어나서는 '제발 살려 주십시오, 살아서 돌아가야 합니다. 먼저 간 동료들의 꿈과 맺힌 한을 풀려면 14개 봉우리 완등을 꼭 해야 합니다. 살려서 보내 주십시오' 하고 안나푸르나 신을 향해서 울부짖었습니다.

아침이 되었어요. 다행히 날씨가 좋아졌습니다. 날씨가 안 좋았다면 계속 거기 갇혀 있었을 겁니다. 그러면 살이 썩어 들어가 잘라 내야 하는 상황까지 갔을지도 모릅니다. 그다음 날도 똑같이 한

발로 기다시피 해서 내려왔습니다. 5,400미터 전진캠프까지 내려
가서 다시 하룻밤을 보내고, 결국 4,300미터 베이스캠프까지 2박 3
일에 걸쳐서 초주검이 되어 내려왔습니다.

지금 생각해도 기적과 같은 일이 아닐 수 없습니다. 어떻게 그런
기적이 가능했는지는 모르겠지만, 한 가지 분명한 것은 제가 살아야
겠다는 의지를 버렸다면 그 같은 일은 일어나지 못했을 거라는 사실
입니다.

산도 인생도 내려가는 것이 더 중요하다

우리가 정복할 것은
산이 아니라
나 자신이다

강연을 가면 사람들이 제게 자주 묻는 것 중에 하나가 '중도에 포기하고 싶은 마음은 들지 않았는가' 하는 것입니다. 저도 사람인데 포기하고 싶은 생각이 들 때가 왜 없었겠습니까. 히말라야 8천 미터급 봉우리를 오를 때마다 단 한 번의 예외도 없이 포기하고픈 생각이 들었습니다. 실패와 사고에 대한 두려움, 죽음의 공포와 더불어.

안나푸르나에서 겪었던 사고를 비롯해서 죽음의 문턱에 이르렀던 적도 여러 번이었고, 사랑하는 사람들을 잃는 슬픔도 겪어야만 했습니다. 등정에 성공했을 때보다 중도에 눈물을 삼키며 돌아서서

| 빙벽을 오르는 저 순간에도 마음 깊숙한 곳에서는 쉼 없이 자기 자신과의 싸움이 벌어진다.

다음을 기약해야 했던 경우가 더 많았습니다.

산을 오를 때 자연의 악조건보다 더 두려운 존재는 나 자신이었습니다. 정상에 오르는 것은 다른 누구도 아닌 나 자신이기 때문에, 이겨 내느냐 이겨 내지 못하느냐는 나 자신에게 달려 있습니다. 포기하지 않으려면 신념과 의지의 사람이 돼야 합니다. 저의 좌우명이 자승최강自勝最强입니다. 자기 자신을 이기는 사람이야말로 가장 강한 사람이라는 것이지요.

산을 오르는 것은 그야말로 자신과의 싸움입니다. 여러 명의 등반 동료들과 밥을 먹고, 차를 마시고, 담소를 나누는 순간에도, 설벽에 텐트를 치고 밤을 지새우는 40, 50일간에도 어찌 보면 저마다 마음 저 깊숙한 내면에서 자기 자신과 쉼 없이 사투를 벌이고 있는지도 모릅니다.

산을 무사히 내려와서도 오랫동안 악몽에 시달릴 때가 있습니다. 바로 어제 있었던 추락의 위험이 편안히 몸을 누이고 있는 순간까지 엄습합니다. 두려움이 내 몸에 진드기처럼 달라붙어 떨어지지 않습니다. 하산을 준비하던 중 중심을 잃고 추락할 위험에서 기적적으로 살아났을 때도 오금이 저릴 만큼 무서웠습니다.

나 자신은 우리가 이겨야 할 대상, 즉 극복의 대상인 동시에 믿어야 할 존재입니다. 자기를 이긴다는 건 어떤 조건과 환경에서도 스스로를 컨트롤할 수 있어야 한다는 뜻입니다. 스스로 의지가 박약하다고 생각하면 '난 할 수 있다'고 강력하게 자기 암시를 해보세요. 생각을 긍정적인 쪽으로 바꾸는 겁니다. 그러자면 그전에 자기 자신을 믿고 사랑해야 합니다.

이런 이야기를 하면 웃을지도 모르지만 저는 아침에 일어나서 화장실에 가서 거울을 볼 때마다 "야, 멋있다. 멋있어. 잘하고 있어" 하고 스스로를 칭찬합니다. 모임이 있어 사람들하고 앉아 있다가도, 화장실 가서 볼일만 보고 나오는 게 아니라 세수를 한번 싹 하고는 "그래, 좋다. 괜찮아" 하고 돌아와요. 그러면 기분이 새로워지고 사람들이랑 같이 있는 시간이 더 즐거워집니다.

자기 자신의 존재 가치를 스스로 인정해야 해요. 나 자신에게 "너 멋있는 놈이야. 좋아. 잘하고 있어. 괜찮아"라고 말해 보세요. 자신의 가치를 확신하면 할수록, 다른 사람들도 나의 가치를 인정해 줘요. 내가 나를 믿지 않는데, 누가 나를 믿어 주겠어요?

역경을 극복하는 힘은 자기 확신, 자기 믿음에 있습니다. 그래서 자기 자신을 강화하는 훈련이 필요합니다. 저는 그리 강한 사람이 아닙니다. 엄청나게 나약한 존재라는 것을 스스로 잘 알고 있지요. 하지만 내 안에 잠들어 있는 거인을 깨울 때, 비로소 꿈을 이룬 사람으로 설 수 있다는 것도 알고 있습니다.

에드먼드 힐러리 경은 말했습니다.

"우리가 정복하는 것은 산이 아니라 나 자신이다."

진정으로 하고 싶고 이뤄야 할 일이 있다면 먼저 자기 자신과의 싸움에서 이겨야 합니다.

등산의 기술 4

강한 파도가
강한 어부를
만든다

가장
두려운 것부터
넘어라

2박 3일간 오체투지 하듯이 안나푸르나를 내려와서, 베이스캠프 근처의 4,300미터 지점에서 구조용 헬기로 병원으로 후송되었습니다. 현지의 의사 선생님이 엑스레이 필름을 보고는 기가 막혀 했습니다. "어떻게 이런 다리를 가지고 내려왔냐"고 했습니다. 살아서 돌아온 게 기적이라고요.

부상당한 오른쪽 다리 상태가 생각보다 심각했습니다. 발목만 엉망이 된 줄 알았더니 그 위에 있는 뼈가 두 동강이 났더라고요. 인대도 끊어져 있고. 엄청나게 망가진 겁니다. 지금 당장 수술하지 않으면 큰일 난다고 했어요.

바로 한국으로 긴급 후송되어 큰 병원에서 몇 시간에 걸쳐서 대수술을 받았습니다. 정신을 차려 보니까 다리에 뭔가 하얀 게 턱 걸쳐져 있어요. 쇠핀이 두 개씩 딱 박혀 있는 겁니다. 얼마나 기가 막힙니까. 담당 선생님이 저를 애잔한 눈빛으로 바라보더니 이렇게 말했어요.

"엄 대장, 미안하다. 우리가 하느라고 최선을 다했는데 다리가 낫더라도 이제 더 이상 산에는 못 갈 것 같다."

지금부터 마음의 정리를, 각오를 하라는 겁니다. 사형 선고보다 더한 얘기를 듣는데 참담하기가 이루 말할 수 없었습니다.

그때부터 좌절의 늪에 빠졌습니다.

'사선을 수없이 넘고 동료들이 죽어 가는 모습을 보면서 지금 여기까지 달려왔는데 결국은 이렇게 끝이 나는구나.'

앞만 보고 정상만 보고 달려왔던 저 자신을 그제야 비로소 돌아볼 수 있는 기회가 생기더라고요. 되돌아보지 못했던 그 과정도.

목발을 짚고 퇴원했어요. 허벅지에 깁스를 하고 집에 가만히 누워서 도봉산을 바라보는데, 산이 저에게 이렇게 말하는 것 같았습니다.

'너는 일어설 수 있어. 자신감을 잃지 마. 너는 다시 산에 갈 수 있어.'

다시 이를 악물었습니다. 이대로 포기할 순 없다. 어떻게든 내가 다시 산에 가고야 만다. 2개월 만에 깁스를 잘라 냈어요. 다리가 뭐…… 살이 쪽 빠져 가지고 완전 젓가락 같죠. 발목이 구부러집니까, 무릎이 구부러집니까. 뻗정다리가 된 겁니다.

그때부터 악착같이 재활에 매달렸습니다. 물리치료를 하고, 수영장에서 수영을 하고, 어린 딸을 등에 짊어지고 MTB 자전거를 타고 산길 경사면을 오르내리고, 목욕탕 물속에 들어가서 몇 시간씩 다리 근육을 주물렀습니다. 그리고 5개월 만에 836.5미터 북한산 백운봉 정상에 올라갔어요. 한 다리를 질질 끌고서 스틱을 짚고 올라갔습니다. 거기서 다시 희망을 본 것입니다. 백운봉 정상에서 저는 다시 안나푸르나에 오를 각오를 했습니다.

산을 내려와서 더 열심히 훈련했고, 미국 시애틀에 있는 4천 미터급 레이니어라는 봉우리에 도전하기로 마음먹었습니다. 담당 선생님한테 산에 가겠다고 했더니 "5개월 동안 산에 못 갔으니 얼마나 답답했냐? 집 근처 야산이라도 움직여 봐라" 하는 겁니다. 그게 아니라 4천 미터 산에 간다고 했더니 펄쩍 뛰었습니다.

이 다리 상태로는 1년을 치료해도 걸을까 말까라고 했습니다. 내가 아무리 정신적, 육체적으로 강하다고 해도 불가능한 일이며, 골절 부위에 박은 철심도 빼지 않은 상태에서 잘못 움직였다가는 앉은뱅이가 될지도 모른다고 했어요. 평생 휠체어 타고 앉아서 생활하려면 가라는 겁니다.

저는 목표를 세운 이상 포기할 수 없다는 생각에 레이니어 등반에 나섰습니다. 고봉 등정하는 장비를 갖추고 흰 산을 올라간 겁니다. 부상당한 오른쪽 다리 장딴지 근육이 찢기는 것처럼 아팠어요. 한쪽 다리를 절룩거리면서도 누구의 도움도 받지 않고 이를 악물고 등반을 마쳤습니다.

그리고 그 이듬해 3월, 정확히 사고 10개월 만에 다시 안나푸르나에 도전합니다. 히말라야 14좌 가운데 오르지 못한 네 개 봉우리에 대한 등반 계획을 짜고 있는데, 후아니토에게 전화가 온 겁니다. 당시 후아니토는 14좌 가운데 마지막 한 개 봉우리 등정만 남겨 놓고 있었는데, 그것이 바로 안나푸르나였어요. 그는 자신의 마지막 등정에 나를 초청하고 싶다고 했습니다.

주변에서 모두 말렸습니다. 의사는 물론이요 가족, 친지, 주위 사람들 모두 나한테 미쳤다고 했습니다. "저러다가 죽지. 왜 안 되는 걸 자꾸 하냐"고 했어요. 사람이 징크스라는 게 있잖아요. 다른 산을 하다가 마지막에 안나푸르나를 하라는 거지요.

저도 사람인데 왜 무섭고 두렵지 않았겠습니까. 하지만 그래서 더욱 정면돌파해야 한다고 생각했습니다. 당장 그것이 두렵고, 무섭고, 오르지 못할 벽이라고 생각해서 피하면 그보다 쉬운 걸 갖다 줘도 하지 못합니다. 그것을 뚫고 나가야 다른 산을 오를 자신감도 생기는 것입니다.

아,
안나푸르나여!

그렇게 안나푸르나에 다섯 번째 도전했습니다. 등정의 절반은 다리의 통증 때문에 울다시피 하면서 올랐습니다. 성한 몸으로 가서도 네 번이나 실패한 그 산을, 아직 쇠핀도 뽑지 않은 다리를 질질 끌고 가서 8,091미터 정상에 올라간 겁니다.

네 번이나 실패한 안나푸르나에 다섯 번째 도전장을 내민 건 정상에 오르고 싶다는 욕심 때문이 아니었습니다. 실패를 거듭하면서 산의 마음을 조금씩 알게 됐어요. 정상을 바로 앞에 두고 자만에 빠져서는 안 되며, 꼭 정상에 도달해야만 한다는 결과에 치중해서는 안 된다는 것을 어렴풋이 깨닫게 된 것입니다.

1999년 4월 29일, 결국 다섯 번째 만에 안나푸르나 정상에 탁 올라서서 눈물을 쏟아 냈습니다. 너무 감격에 북받치니까 눈물도 안 나더라고요. 소리만 꺽꺽. 거기서 쏟아 내는 눈물은 성공의, 기쁨의, 환희의, 감격의 눈물이 아닙니다. 고통과 서러움의 눈물입니다. 다리의 통증이 얼마나 심한지 숨이 넘어갈 것 같아요. 그동안 실패했던 과정들이 떠올라서 서러움이 북받치는 거예요.

함께 산을 오르다 세상을 떠난 동료 대원들의 이름을 불렀습니다. 그리고 품에 넣어 가지고 간 그들의 사진을 정상에 묻었습니다.

'안나푸르나 신이시여, 결국 이렇게 받아 주실 거면서 왜 저에게 이런 고통과 실패와 좌절을 주고 동료를 데려가신 겁니까. 참 너무하십니다. 그래도 감사합니다.'

인간의 한계를 시험하는 대상으로 산을 생각했던 저에게 안나푸르나는 '산이란 경외의 대상'임을 알려 주었습니다. 기고만장하고 오만했던 저를 안나푸르나가 일깨워 준 것입니다. 산이 받아 주어야 오를 수 있다는 것, 산은 살아 움직인다는 것을.

그때부터 산의 내면이 보이기 시작했습니다. 어느 지점에서 눈사태가 일어날 것 같다, 낙석이 있을 것 같다, 크레바스가 있을 것 같다 하는 것들이 직감적으로 보였습니다. 그럼에도 불구하고 산을 알면 알수록 경외심과 더불어 죽음에 대한 공포도 커졌습니다.

안나푸르나는 다섯 번째 만에 정상을 내줬지만, 저는 거기서 또다시 피눈물을 흘리면서 내려와야 했습니다. 성공보다 더한 대가를 치렀어요.

유일한 여성 대원, 지현옥이라는 대원이 있었습니다. 에베레스트 8천 미터를 네 번이나 등반한 대단한 여성입니다. 그는 같이 등반하던 셰르파와 같이 저보다 40여 분 늦게 정상에 도착했습니다.

"형, 여기 정상. 성공했어요. 내려갈게요."

이 무전 교신을 마지막으로 연락이 두절되었습니다. 하산 도중 정상 부근 어디선가 실종된 겁니다. 저는 다시 눈물을 흘리면서 안나푸르나를 내려와야 했습니다.

나를 키운 것은
열여덟 번의
실패

사람들은 제가 했던 성공을 기억하지만, 저는 열여덟 번의 실패를 더 소중하게 여깁니다. 서른여덟 번 8천 미터 봉우리를 오르는 동안 저는 실패와 성공, 좌절과 극복, 고통과 희생 등 인간이 겪을 수 있는 모든 것을 다 겪었어요. 그리고 모든 시험대를 통과했기에 지금의 제가 있는 거라고 생각합니다.

저한테 안나푸르나의 처절한 패배가 없었다면 그 후에 닥쳤던 고통과 실패, 좌절을 이겨 낼 수 있었을까요? 세계 최초 16좌 등정이라는 기록을 세울 수 있었을까요? 처음부터 순조롭게, 쉽게 성공했다면 이런 결과를 내지도 못했고, 살아남지도 못했을 것입니다. 어쩌면 산을 떠났을지도 모릅니다.

실패할 때마다 생기는 것은 좌절이 아니라 확신이었습니다. 거듭된 실패 덕분에 오히려 저는 목표에 대한 확신을 갖게 되었고, 새로운 용기와 자신감을 가질 수 있었습니다. 순간순간 고난의 과정을 통과하고 보니 그것이 저에게는 정말 좋은 기회로 다가왔습니다.

고난을 통과해야만 위대해질 수 있다, 이런 말이 있습니다. 바꿔 말하면 위기보다 더 좋은 기회는 없다는 것입니다. 제가 해왔던 많은 도전들이 처음부터 원하는 대로, 뜻하는 대로 잘 풀렸습니까? 성공만 했습니까? 아니었습니다. 시작부터 수많은 실패와 좌절과 희생이 잇따랐습니다. 그것을 두려워하지 않고 위기의 순간들을 극복하고 도전했기 때문에 좋은 결과가 나온 것입니다.

요즘 젊은 친구들을 만나 이야기를 해보면 정신적으로, 육체적으로 너무 나약하다는 생각이 듭니다. 물질문명이 발전하고 좋은 여건에서 성장하다 보니 조그마한 시련을 만나거나 힘든 상황에 부딪히면 중심을 못 잡고 걷잡을 수 없이 흔들리고 방황합니다.

그 친구들에게 말하고 싶은 건 강한 파도가 강한 어부를 만든다는 것입니다. '좋다, 죽기 아니면 살기다. 내가 처한 이 상황을 극복하지 못한다면 앞으로 인생을 어떻게 살 것인가?', '지금의 어려움은 목표를 향해 가기 위해 통과해야 할 과정이다' 이렇게 생각해 보세요.

실패를 바라보는 관점을 바꾸어 보라는 것입니다. 실패를 더 잘

| 실패 없는 성공은 없다. 엄홍길 대장이 히말라야에 낸 수많은 길들은 모두 실패를 통해서 만들어진 길이다.

되기 위한, 좋은 결과를 얻기 위한 과정이라고 생각하는 것이지요. 성공하기 위해서는 실패를 할 수밖에 없다고 생각해 보세요. 당연히 겪어야 되는 일이라고 긍정적으로 생각하라는 것입니다. 제가 히말라야에 낸 수많은 길들은 모두 실패를 통해서 만들어진 길입니다.

누구나 살면서 넘어집니다. 한 번도 넘어지지 않고 가는 삶은 없어요. 모든 과정이 순탄하기만 하다면 성공하지 못할 사람이 어디 있고, 행복하지 못할 사람이 어디 있겠어요. 어려움이 닥쳤을 때 '왜 하필 나한테만 이런 일이 일어나는 거야'라고 생각하지 말고, '지금 이런 상황에 안 처했다면, 앞으로 살아가다가 더 큰 장벽을 만날 수 있다' 생각하는 겁니다. 쉽게 말해 액땜이라는 거지요.

눈앞에 아무리 안 좋은 상황이 닥친다고 해도, 거기서 영원히 멈추는 게 아니에요. 우리는 계속 지나가고 있어요. 죽는 날까지 상황은 늘 변합니다. 실패는 누구나 하는 것인데, 마냥 푸념만 하고 있으면 더 이상 나아갈 수 없어요. 이 정도는 내가 감당할 수 있다고, 더 잘되기 위해 이런 과정을 겪는 것이라 생각하며 담담히 받아들여 보세요.

제 경험에 따르면 실패의 수와 성공의 수는 거의 비슷합니다. 중요한 것은 실패를 피하는 게 아니라 실패를 다루는 방식입니다. 요즘은 자신의 실패에 대해 환경 탓, 남 탓을 많이 합니다. 그 심정을 모르는 바는 아닙니다. 하지만 실패냐, 성공이냐를 결정하는 것은 자기가 어떻게 꿈꾸고 만들어 가느냐에 달린 것입니다.

"땅에서 넘어진 자 땅을 짚고 일어나라."

지눌 스님의 말씀입니다.

저는 산에서 실패하면 거기서 해답을 찾으려고 노력했어요. 자만심 때문이었을까, 아니면 체력의 한계를 느껴서였을까. 넘어진 그 자리에서 원인을 찾고 목표를 다시 수정했습니다. 세상에 남 탓을 해서 성공한 사람은 아무도 없어요. 모두 자신의 잘못에서 비롯된 겁니다.

현실의 불행을 끌어안은 채 거기에 고착되면 영영 벗어나질 못 해요. 실패에서 배울 수 있는 것은 배우고, 불가항력이었다면 '더 나빴을 수도 있는데' 하고 생각하면서 받아들여야 합니다. 후회하지 않을 만큼 최선을 다했다면 겉으로 드러난 실패는 진짜 실패가 아니에요.

뭔가 미련이 남으면 잘못된 일에 대해 계속 자책을 하게 되는데 죽기 살기로 한 일은 실패해도 후회가 없습니다. 후회가 없으니까 다시 일어설 힘도 나오는 것이지요. 실패는 늘 있게 마련이라고 인정해야지 그걸 두려워하면 안 됩니다. 정말 두려워해야 할 것은 미련이 남은 상태에서 포기하는 것이지요.

저는 어떤 분야이든 간에 별 어려움 없이 성공한다면 오래가지 않고 쉽게 무너질 거라고 생각합니다. 목표를 이루는 과정이 힘들고 어려우면 어려울수록 성취하고 꿈을 이뤘을 때 오래갑니다. 자기가 그것을 이루기 위해 얼마만큼 노력했는지 스스로 알기 때문이지요. 정상이 얼마나 소중한 것인가를 알고 진정한 성공의 의미를 깨닫게 되겠죠. 저는 그것이 진정한 성공이라 생각합니다.

하산의 기술 1

성공은
또 다른
시작일 뿐이다

14좌
완등의 꿈을
이루다

4전 5기 끝에 안나푸르나를 올랐지만 제게는 아직 오르지 못한 봉우
리가 세 개나 남아 있었습니다. 1999년 여름 낭가파르바트 등정에
성공했고, 바로 이어서 9월에 칸첸중가에 도전했습니다. 8,586미터
의 칸첸중가는 안나푸르나 다음으로 많은 눈물을 안겨 준 산입니다.
두 번 실패하고 세 번째 도전해서 성공했습니다. 그 과정에서 또 세
명의 동료를 잃었습니다.

2000년 세 번째로 칸첸중가에 오를 때 일입니다. 셰르파 다와가
낙빙에 맞고 쓰러졌습니다. 눈 윗부분에 가벼운 찰과상만 입어 다행
이구나 했는데, 쓰러지면서 얼음 바닥에 머리를 세게 부딪혔던 모양

입니다. 부축해서 텐트로 옮겨 하룻밤을 보낸 후, 이른 아침 베이스캠프로 후송하는 도중 숨이 끊어졌습니다.

그러는 사이 셰르파들은 물론 대원들까지 기력을 잃었습니다. 전열을 가다듬고 재등반을 하려 했지만, 동료의 죽음으로 의기소침해진 셰르파들이 더 이상 갈 수 없다고 했습니다.

결국 마지막 캠프인 7,800미터까지 구축하고, 저와 박무택 대원이 정상 공격에 나섰습니다. 둘이서 앞서거니 뒤서거니 무릎까지 눈이 빠지는 설사면을 헤치며 열여덟 시간을 올랐습니다. 머리 위로는 90도에 가까운 급경사 빙설벽이 펼쳐져 있었고, 우리는 로프에 의지한 채 빙설벽의 중간에 매달려 있었습니다.

해는 떨어졌는데, 정상은 보이질 않고…… 너무 지쳐서 말할 힘조차 없었습니다. 더 올라갈 수도 없고, 더 내려갈 수도 없었어요. 영하 50도 해발 8,500미터에서 비부아크(산 중 노숙) 장비도 없이 밤을 보내기로 했습니다. 서로의 몸을 떨어지지 않도록 로프로 묶고 주저앉았습니다. 836.5미터 북한산 백운봉도 몇 시간만 있으면 저체온증이 오는데, 8,500미터는 어떻겠습니까. '결국 나도 여기서 죽는구나' 싶었습니다.

살려고 아등바등해 봤자 소용없다고 결론이 나니까, 죽음을 받아들이고 나니까 마음이 그렇게 편안할 수가 없더라고요. 그동안 제가 살았던 전 생애가 담긴 영상이 눈앞에서 돌아가는 것 같았어요. 어린 시절 도봉산, 살갑게 대하지 못했던 친구들, 연락이 뜸했던 먼 친척들, 히말라야에서 죽은 동료와 셰르파들이 차례로 스치는 겁니다.

한국에 있는 가족들을 떠올리며 유언을 남겼습니다.

'지은아, 현석아, 먼 훗날 아빠를 이해해 주렴. 늘 목숨 건 히말라야 도전을 하다가 결국 산에서 자신의 한계를 넘지 못하고 죽음을 맞이하는 아빠를……. 그리고 당신, 헌신적인 뒷바라지가 없었다면 내 산악 인생은 진작 접었을지도 모를 일, 두 아이를 꿋꿋하게 키워 주기를…….'

마음속으로나마 유언을 남기고 나니까 마음이 더 편안한 겁니다.

"홍길이 형, 자요?"

어느 순간인가 깜박 잠이 들었다가 다시 깼어요. 나를 부르는 소리에 깜짝 놀라서 몸이 그네를 타는 것처럼 빙벽 밖으로 휘청 나갔다가 돌아와서 다시 자리를 잡았습니다.

"무택아 너도 자면 안 돼. 잠들면 죽는다!"

밤새 서로 얼마나 이름을 불렀는지 모릅니다. 그렇게 열 시간을 빙벽에 매달려서 깜박깜박 졸았습니다. 어느 순간에 눈을 뜨는데 엄청난 구름 사이로 햇빛이 비쳤습니다. 살았구나, 살았어.

신기하게도 그날은 새벽에 조금 눈이 내리기는 했지만, 8,500미터 상공에 바람 한 점이 없었어요. 비행기가 오가는 고도가 그날만큼은 '무풍지대'였던 겁니다. 바람이 세게 불고 기온이 더 내려갔다면 아마 그 자리에서 죽었을지도 모릅니다.

날이 밝자 우리는 다시 기어서 정상으로 향했습니다. 밤새 얼어붙은 몸을 녹이며 100미터 정도를 올라가니 정상이더라고요. 정상 바로 아래 처마 밑에서 비부아크를 한 거지요. 그렇게 세계에서 세 번째로 높은 칸첸중가에 올랐습니다.

그리고 2000년 7월 30일, 지구상에서 두 번째로 높은 8,611미터 K2 봉우리를 마지막으로 8천 미터 14좌 완등을 이루었습니다. 꿈을 이루기 위해서 젊음과 청춘을 모두 그곳에다 바쳤어요. 1985년 시작한 에베레스트 도전부터 16년간의 긴 세월 동안 제 모든 청춘, 젊음, 혼, 열정을 모두 불사른 결과였습니다.

K2 정상에서 휘날리는 태극기를 들고, 세차게 몰아치는 바람을 맞으면서 눈물을 흘리는데 두 마디 단어가 생각났습니다.

감사합니다. 고맙습니다.

"제가 이 정상에 설 수 있게끔, 성공할 수 있게끔, 살아남을 수 있게끔 저와 생사고락을 같이 해준 동료들, 성원해 주신 분들, 그리고 무엇보다 히말라야의 신이여, 산들이시여, 감사합니다."

산도 인생도 내려가는 것이 더 중요하다

도전은
끝이
없는 것

히말라야 14좌 완등이라는 꿈을 이룬 뒤 '이제 더 이상 이런 고생 안 하고, 위험한 도전 안 해도 된다. 편안하고 안락하고 행복한 삶을 영위하며 살아야지' 그런 생각을 하면서 산을 내려왔습니다. 여러분도 저와 같은 상황이라면 같은 생각을 했을 것이라고 생각합니다. 그런데 그것은 순간 스치는, 지나가는 바람이더라고요.

처음에 몇 개의 산을 등정하고 나도 14좌를 완등하고 싶다는 생각을 했지만, 어느 정도 히말라야를 오르다 보니 그것은 그리 중요한 일이 아니었습니다. 삶이 여기에 있는 한 우리가 죽을 때까지 최선을 다해 살아야 하는 것처럼, 나도 산이 그곳에 있는 한 최선을 다해 산을 오르고 산과 함께 살며 산의 정신을 전파해야겠다는 생각이 들더라고요. 성공은 또 다른 시작을 의미하는 것이고, 도전은 끝이 없는 것임을 깨달은 것이지요.

그래서 얄룽캉(해발 8,505미터)과 로체샤르(해발 8,400미터) 두 개의 봉우리를 더 도전하기로 마음먹었습니다.

프랑스의 산악인이자 문학가인 르네 뒤말은 이런 말을 했습니다.

'위에서 본 것에 대한 기억을 가슴에 안고 아래에서 살아가는 것이야말로 가장 아름다운 등산의 예술이다.'

그렇지만 저는 아래에서 높은 경지를 갈망하면서 사는 것이야말로 인간이 살아가는 이유라고 생각합니다.

몇 달에 걸쳐 대원들과 함께 8천 미터 거대한 산봉우리를 오르다 보면 '인생만사 새옹지마'라는 말이 떠오릅니다. 우리가 인생을 살아갈 때 겪는 시련, 위험, 극복, 행복, 감격, 우정들은 산속에서도 모두 경험합니다. 8천 미터를 올라갔다 내려올 때면 한평생을 살아 낸 것 같은 생각이 들 때가 있어요. 어쩌면 내가 오른 산의 수만큼 전생을 거듭하고 환생한 것이나 다름없지 않을까 하는 생각도 들고요. 아무튼 산은 우여곡절의 인생과도 같습니다.

산에 오르는 것은 제가 세상을, 또 삶을 배워 가는 과정이었습니다. 저한테는 하나하나의 등반이 너무나도 값진 인생 수업이었어요. 산의 높고 낮음은 문제가 되지 않았습니다. 그 어느 산도 배울 점이 없는 산이 없었으니까요. 아무리 많은 산에 오른다 해도 결국 지구 상의 모든 산을 오를 수는 없겠지요. 하지만 그렇다 해도 살아 있는 한 또다시 도전하고, 성공하고 실패하며, 그로부터 배우고 싶습니다.

히말라야의 고봉을 몇 개 올랐느냐와 상관없이 저는 아직도 올라야 할 산이 많고, 배워야 할 것이 많습니다. 늦깎이 대학생이 되어 학사봉에 도전한 것도 마찬가지 이유입니다. 2002년 한국외국어대 중국어과에 입학했습니다. 불혹이 넘은 나이에 새삼스럽게 어린 학생들과 함께 공부를 시작한 이유는 중국 내에 있는 미개척 산악지대에 도전하고 싶었기 때문입니다.

저는 스페인어와 네팔어, 영어로 기본적인 의사소통이 가능합니다. 앞서 말했듯이 스페인 원정대와 다섯 번에 걸친 합동원정을 하며 스페인어를 배웠습니다. 외국 등반 팀과 한 팀이 되어 산을 오르다 보면 같은 언어로 의사소통하는 것이 절실하게 필요합니다. 같이 등반한다는 것은 뜻을 같이 하는 것이고, 뜻을 나누는 데 있어 언어와 문화를 이해하는 것은 아주 중요하지요.

그간 히말라야 원정을 다니면서 네팔이나 인도 쪽에서는 영어를 사용해 의사소통하는 데 크게 문제가 없었습니다. 하지만 초오유(해발 8,201미터)나 시샤팡마(해발 8,027미터) 등 중국령의 산을 오를 때는 말이 통하지 않아 고생을 했습니다. 그때마다 기회가 되면 중국어를 배워야겠다고 생각했는데, 그것을 실천에 옮긴 것이지요.

하지만 수업을 따라가기는 결코 쉽지 않았습니다. 고등학교를 졸업한 후 산에만 미쳐서 20년 이상 살아온 사람이 무언가를 배우기가 쉽겠습니까? 죽기 아니면 까무러치기라는 각오로 열심히 공부했습니다. 되도록 강의실 앞자리에 앉았고, 강의를 녹음해 여러 번 들었습니다.

가장 큰 문제는 학교만 다니면 되는 것이 아니라 16좌도 함께 도전 중이었다는 것입니다. 학교에 들어갔던 그해 월드컵 성공 개최를 기원하며 에베레스트에 올랐고, 2003년에는 로체샤르를 오르려다가 실패했고, 2004년에는 얄룽캉 등정에 성공했습니다.

15좌 얄룽캉을 도전할 때도 고비가 있었습니다. 7,300미터 캠프 3에서 강풍 때문에 발이 묶여 꼼짝달싹할 수가 없었어요. 1평짜리 텐트에서 대원 세 명과 추위와 사투를 벌이며 식량도 없이 4일을 버텼습니다. 문득 할 수 있다, 오를 수 있을 것 같다는 판단이 섰고, 바람이 잦아들면서 물 한 모금 먹지 않고 열 시간 동안 사투를 벌인 끝에 2004년 5월 5일 정상에 올랐습니다.

아무튼 히말라야 원정을 떠나 있는 동안에는 과제물로 출석과 시험을 대체했습니다. 원정을 다녀와서는 뒤처진 진도를 따라가기 위해서 밤잠을 설쳐야 했습니다. 모르는 것이 있으면 교수님이나 과학생들을 찾아다니며 알 때까지 물었습니다. 사십 대 아저씨가 이십 학생들을 따라잡기 위해서는 그들보다 더 오래 엉덩이를 붙이고 앉아 공부하는 수밖에 없었습니다.

산을 오르는 것도 그렇고, 공부를 하는 것도 그렇습니다. 정상에 올라섰다는 것은 이제 겸손하게 다시 산을 내려가야 한다는 뜻이고, 대학을 졸업했다는 것은 새로운 배움의 길이 열리고 있다는 뜻입니다.

제가 대학원 체육학과에 다시 입학한 이유 역시 별로 다르지 않습니다. 이 땅의 젊은이들에게 저의 경험과 배움을 바탕으로 해서 도전 정신과 호연지기를 전해 주고 싶은 또 다른 소망이 생겼기 때문입니다.

하산의 기술 2

잘 내려가야
다시
오를 수 있다

성공의 순간,
위기는
찾아온다

로체샤르는 로체(해발 8,516미터)의 위성봉입니다. 14좌에는 들지 못했던 곳인데, 최근에 독립된 봉우리로 구분되면서 칸첸중가의 위성봉인 얄룽캉과 더불어 16좌로 일컬어지고 있지요. 로체샤르는 산세가 험하고 거대한 수직 빙벽이 3,500미터나 이어져 히말라야 고봉 가운데서도 가장 험한 곳으로 이름이 높습니다. 등정 중 사망할 확률이 50퍼센트나 되지요.

제 필생의 꿈인 16좌 완등의 마지막 산이 바로 이 로체샤르였습니다. 2001년 봄에 처음 도전했을 때는 해발 7,800미터 지점까지 올라갔다가 악천후 때문에 더 이상 진출하지 못하고 물러났습니다.

그리고 두 번째 도전했을 때는 정상을 150미터 남겨 놓고 갑작스러운 판상 눈사태로 박주훈, 황선덕 두 명의 대원을 잃었습니다. 세 번째도 실패하고 2007년 봄에 네 번째로 도전했습니다.

3월 30일. 대원들이 캠프 4에서 정상으로 가는 루트를 개척했습니다. 거의 수직에 가까운 절벽을 앞발로 찍어 빙벽에 차 넣으면서 3일간을 그렇게 올랐습니다. 그리고 캠프 4에서 하룻밤을 자고 다음 날 31일 변상호, 모상현 대원, 셰르파 한 명과 함께 정상을 향했습니다.

초속 45미터의 바람이 불어 체감온도는 영하 40도로 떨어졌습니다. 산소마스크를 착용하고 열세 시간 동안 악전고투한 끝에 2007년 3월 31일 오후 6시 44분에 정상에 올라섰어요.

그 시간대에 히말라야 정상에 올라간다는 것은 히말라야 등반 역사에서 전무후무한 일입니다. 거의 죽음을 각오한 것이나 마찬가지예요. 정상에 올라섰더니 벌써 한쪽에서는 석양이 지고, 한쪽에서는 달이 뜨고 있더라고요.

사실 저도 시간이 그렇게 된 줄 몰랐습니다. 무아지경이라고 하죠? 너무 몰입한 나머지 어느 순간 시간과 공간을 초월했던 것 같아요. '내가 여길 어떻게 올라왔지?' 어느 순간부터는 잠시 생각이 안 나는 거지요.

해가 지면 날이 금방 어두워집니다. 바람은 몸을 가눌 수 없을 정도로 불죠, 엄청나게 춥죠. 얼굴에 고드름이 달릴 정도예요. 그래서 마지막 캠프를 새벽에 출발해 오전 10시경에 정상에 도착하도록 하는 것이 보통입니다. 그냥 산도 아니고 깎아지른 절벽 꼭대기에 어둠까지 내리면 정말 큰일 나는 겁니다.

"빨리 내려가자, 내려가" 하는데, 변상호 대원이 "대장님, 앞이 안 보여요. 눈이 안 보여요" 하는 겁니다. 정상에서 사진을 찍다가 설맹이 온 거예요. 양쪽 눈이 다 안 보인다고 했습니다. 순간 눈앞이 깜깜했어요. 멀쩡하게 두 눈을 뜨고 있는 사람도 살아서 내려갈 수 있을지 모르는 상황인데, 한밤에 8,400미터 절벽 꼭대기에서 이런 일이 벌어졌으니 얼마나 기가 막혔겠어요.

순간적으로 결국은 여기서 죽는구나 싶었습니다. '생명줄이 길어서 여기까지 왔지만 16좌의 마지막 로체샤르를 완등하고 이렇게 가는구나' 하는 생각이 들었어요. "우리 잠깐 앉아서 생각 좀 해보자. 어떻게 내려갈지 방법을 찾아 보자" 그럴 겨를이 어디 있습니까. 단 1분 1초가 다급한데. 내려가면서 순간적으로 머릿속으로 방법을 찾는 겁니다.

60미터쯤 되는 로프가 있는데, 가운데 카라비너(연결고리)에 걸어 가지고 몸에다 통과를 시켰어요. 이쪽에서 픽스(고정)를 하고 나면, 먼저 한 사람이 앞으로 가서 로프를 묶어요. 그렇게 양쪽에서 픽스를 하면 설맹이 온 대원은 그걸 잡고 가는 겁니다. 이게 말이나 되는 상황입니까? 그냥 길도 아니고 암봉이에요, 암봉. 후배 대원이 내려가면 나도 이 줄을 묶어야 될 거 아니에요. 저쪽에서 줄을 확보해 줘야만 내려갈 수 있어요. 바람은 불지, 깜깜하지, 앞에서는 오는 줄 알고 막 잡아당겨요. 그렇게 도착하면 또 앞으로 가고…… 그걸 반복하는 겁니다.

설맹에 걸린 대원이 가다가 중간에 헛디뎌서 절벽으로 죽 미끄러졌어요. 일직선이었던 줄이 무게 때문에 가운데가 축 처지는 겁니다. 양쪽에서 막 잡아당기는데 장갑이 타들어가는 것 같아요.

"대장님 어떻게 합니까? 살려 주세요."

"기어 올라와! 빨리 발 차고 기어 올라와!"

그렇게 몇 번을 반복해서 마지막 꼬리에 왔습니다. 여기서부터는 300여 미터 수직 설벽이에요. 그 아래에 마지막 텐트가 있는데, 줄이 바닥까지 고정이 되어 있습니다. 고리를 걸어 주면 다음 확보물까지 50미터, 100미터, 150미터…… 이런 식으로 줄을 타고 절벽을 내려가야 해요. 설맹에 걸린 후배 대원과 함께 연결 연결해서 간신히 타고 내려왔습니다.

전날 새벽 3시 30분에 8,050미터 마지막 캠프를 출발해서 새벽 5시 30분에 돌아왔어요. 캠프에 도착하니 여명이 밝아 왔습니다. 고작 350미터 올라갔다 내려오는 데 왕복 스물여섯 시간이 걸린 겁니다. 기적을 넘어선 삶과 죽음의 사투였습니다.

그 시간 동안 뭘 먹었느냐. 아무것도 먹고 마신 게 없어요. 너무 춥고 지쳐서 텐트에 들어가서 쓰러졌습니다. "몸 좀 녹이고 뭐라도 끓여 먹고 내려가자" 했는데 깜박 졸았어요. 베이스캠프까지 3천 미터를 다시 내려가야 하는데, 그나마 밤이 아니고 낮이니까 좀 낫겠지 한 거지요.

깜박 정신을 잃었는데 누가 나를 막 깨웠습니다.

"대장님 좀 일어나 보세요. 저 인제 보여요."

"뭐가 보인다는 거야?" 그랬더니 이건 장갑, 이건 신발…… 물건들을 다 짚어요. 기적 같은 일이 벌어진 거지요. 설맹은 망막이 자외선에 손상되어서 발생한 것이기 때문에 쉽게 회복이 안 됩니다. 심한 경우는 실명으로 이어지기도 합니다. 그 정도로 무서운 병인데, 몇 시간 만에 앞이 보인다는 겁니다.

저는 그 길로 셰르파와 함께 3천 미터 빙벽을 열심히 내려와서 그날 밤 9시에 베이스캠프에 도착했습니다. 후배 대원 두 사람은 조금 더 쉬었다가 내려오겠다고 했는데, 그다음 날은 날씨가 안 좋았어요. 고생 고생해서 다음 날 오후에 도착하긴 했는데, 동상이 심하게 걸려서 한국으로 먼저 후송시켰어요. 결국 변상호 대원은 동상 때문에 발가락 열 개를 모두 잘라야 했습니다.

저는 이때를 히말라야 16좌를 오르며 가장 아찔했던 하산의 순간으로 기억합니다. 간절히 염원했던 꿈을 이루고 정상에 선 순간,

전혀 예상치 못했던 위기가 닥친 것이지요. 그래도 저는 살아서 내려왔습니다. 그리고 세계 최초 16좌 등정이라는 새로운 발자취를 남겼습니다.

만약 제가 16좌 완등이라는 목표를 이루고서 베이스캠프로 돌아오지 못했다면 어떻게 되었을까요? 정상에 오르기만 해서는 100퍼센트의 완벽한 성공이 아닙니다. 내려올 때 잘 내려올 줄 알아야 합니다. 도전의 완벽한 성공은 출발 지점에 다시 돌아왔을 때 성취될 수 있는 것입니다.

산도 인생도 내려가는 것이 더 중요하다

산 중의 산은 '하산'

요즘 농담으로 그런 말을 합니다. 산 중에서 가장 높은 산은 에베레스트입니다. 그럼 가장 좋고 비싼 산은 뭘까요? '부동산'입니다.(웃음) 그러면 제일 중요한 산은 무엇일까요? 그것은 '하산下山'입니다. 산 중의 산은 바로 하산입니다. 히말라야 고봉을 오르내리며 배운 한 가지가 바로 그것입니다.

산 정상에 오르는 것도 중요하지만 내려오는 것이 더 중요합니다. 산은 오를 때보다 내려올 때가 더 힘들고 위험합니다. 그래서 하산할 때 사고가 많이 납니다. 전문 산악인들의 히말라야 고봉 등정에서도 하산 과정에서 사고가 나는 것을 자주 목격하셨을 겁니다.

체력이 떨어진 데다 성공에 취해 긴장이 풀리기 때문입니다.

올라갈 때는 성공에 대한 각오와 신념이 죽음도 두렵지 않게 합니다. 그 순간에는 올라갈 것만 생각하고 가야 합니다. 내가 지금 여기서 죽어도 여한이 없다, 이 순간이 마지막이어도 좋다, 그런 각오를 가지지 않으면 올라갈 수 없는 곳이 히말라야 8천 미터 고봉입니다. '미쳐야 미친다'는 말처럼, 말 그대로 죽기 아니면 살기, 모든 것을 다 쏟아부어야 해요. 그렇게 미치면 미친 힘으로 올라갑니다.

그렇게 해서 정상에 서면 얼마나 기쁘고 감격적이겠어요? 스스로가 너무 대견스럽고 뿌듯하고……. 그런데 아쉽게도 기쁨의 순간은 짧아요. 그 순간이 지나면 허탈해지는 겁니다. 휑하고 멍합니다. 비몽사몽간이었다가 정신이 돌아오는 거지요.

그러면 이제 하산에 대한 두려움이 몰려옵니다.

'지금의 체력 상태를 가지고 잘 내려갈 수 있을까? 살아서 내려가야 하는데…….'

동료들을 데리고 안전한 지대까지 내려가기 위해 다시 사투를 벌여야 합니다.

정상에 올라갈 때와 하산할 때는 확연히 다릅니다. 체력과 정신력을 모두 소진한 상태에서 내려가는 것이기 때문에, 어떻게 생각하면 더 힘들고 어렵습니다. 위험도 많이 따르고요. 아무리 긴장을 하고 정신을 바짝 차리려고 해도 자신도 모르게 다리가 풀려요. 몸과 머리가, 육체적인 것과 정신적인 것이 일치가 안 돼요. 생각한 대로 몸이 안 움직이는 거지요.

엇박자가 났을 때 바로 다시 돌아와야 하는데, 거기서 더 어긋나 버리면 사고로 이어집니다. 그때 최대한 정신을 차려야 해요. 산 정상에 올랐다고 해서 모든 게 끝난 것이 아닙니다. 이를 정복, 성공으로 보면 더 큰 문제가 생길 수도 있습니다. 그다음이 중요합니다. 처음 출발했던 지점까지 제대로 내려오는 것도 오르는 것 못지않게 목숨을 담보해야 합니다. 내려오는 연습이 그만큼 중요한 셈이지요.

저는 우리 삶도 이와 같다고 믿습니다. 도전의 진정한 성공은 출발 지점에 다시 돌아왔을 때 성취될 수 있어요. 정상에 있을 때가 전부라고 생각하는데 그건 아마 성공의 또 다른 시작을 의미하는 게 아닌가 생각합니다.

정상에서 잘 내려와야지 그렇지 못하면 성공의 가치를 다 잃어 버릴 수 있어요. 연습생 시절과 무명 시절을 거쳐 힘들게 정상의 자리에 올랐는데 한 번의 실수로 곤두박질치는 연예인들을 봐도 그렇고, 지위와 명예를 다 얻었는데 돈 몇 푼에 하루아침에 모든 걸 잃어 버리는 정치인을 봐도 그렇잖아요. 정상에 올랐을 때 그걸 유지하고 잘 내려오는 것은 정상에 잘 올라가는 것만큼이나 중요합니다.

그런데 학교도, 사회도 올라가는 법만 가르쳐요. 저 정상에 오르기만 하면 행복해진다고, 네가 꿈꾸는 것이 저기에 있다고 말합니다. 인생에는 늘 오르막만 있는 것도 아니고, 정상에 올라갔다고 계속 거기에 있을 수도 없습니다. 하지만 내려가는 법을 배우지 못했기에, 많은 이들이 아차 하는 순간 굴러 떨어지곤 합니다.

지금 이룬 성공이 끝이 아니라는 것을 스스로 깨달아야 합니다. 42.195킬로미터를 달려야 하는 마라톤을 생각해 보세요. 반환 지점을 돈다고 끝이 아니잖아요. 온 만큼 더 달려가서 출발선상으로 돌아와야 풀코스 완주가 되는 거잖아요. 내가 지금 이룬 성공은 온전한 성공이 아니에요. 반쪽짜리 성공입니다. 마지막 순간까지, 출발했던 지점에 들어올 때까지 신념과 의지를 저버리면 안 된다는 거지요.

가장 경계해야 할 것은 자만심이에요. 경거망동하거나 오만을 부려서는 안 됩니다. 정상이 다가올수록 겸손해야 합니다. '다 왔다'가 아니라 '온 만큼 더 가야 한다'고 생각하면 어떨까요? 그리고 살면서 우리가 올라야 할 봉우리가 하나뿐일까요? 저를 보세요. 평생 간절히 꿈꿔 온 16좌 완등이라는 꿈을 이루고 났을 때 제 나이가 사십 대 중반이었어요. 살아온 만큼 더 살아가야 하는 겁니다.

무엇보다 잘 내려와야 다른 봉우리에 오를 수 있어요. 인생을 살다 보면 늘 승승장구할 수는 없습니다. 오르막이 있는가 하면 내리막도 있고, 때로 전혀 예상치 못했던 곳으로 곤두박질치기도 합니다. 언젠가 올 기회를 기다리며 몸을 숙이고 기다려야 하는 때도 있

산도 인생도 내려가는 것이 더 중요하다

습니다. 시도조차 못 해보고 포기해야 하는 순간도 있지요. 저 또한 그랬습니다. 기회는 다시 옵니다. 잘 내려와야 다음을 기약할 수 있습니다.

그리고 반드시 기억해야 할 것은 지금 이룬 성공이 나 혼자만의 것이 아니라는 것입니다. 제가 잘나고 체력이나 기술 모든 것이 월등히 뛰어나서 16좌 완등을 이룬 게 아닙니다. 물론 저 자신이 노력했기 때문에 그런 결과를 이뤄 냈지만, 그 이면에는 동료들의 희생과 많은 사람들의 성원이 있었습니다. 무엇보다 산이 저를 받아 주었기 때문에 된 거 아니겠습니까.

사십 대 중반에 평생 간절하게 꾸었던 꿈을 이루고 나니까 순간적으로 허탈감 같은 게 밀려왔습니다. 마음이 휑하더라고요. 워낙 이루려고 했던 꿈이 불확실한 것이고, 너무나 간절하게 염원했기 때문인지, 이제 내 앞에 목표가 없다, 꿈이 없다 생각하니까 삶의 의욕이 없어지더라고요. 쉽게 말하면 사는 게 재미가 없더라고요. 석달 정도 방황한 것 같아요. 그때 저를 붙잡아 준 것이 동료들이었습니다.

히말라야 8천 미터 16좌를 도전할 때 얼마나 간절했겠어요? 성공하게 해달라고, 살아서 내려가게 해달라고 얼마나 간절하게 기도했겠습니까. 그 간절함이란 이루 말할 수 없는 것 아니겠어요?

'꿈을 이루게 해주시면 내가 받은 것을 모른 척하지 않겠습니다.

살아남은 자로서 히말라야를 위해 받은 것을 나누고 베풀고 되갚으며 살겠습니다.'

이런 기도 아닌 기도를 했던 겁니다.

어느 순간 산이 저에게 그런 깨우침을 준 것 같아요. 언젠가부터 산만 보이는 것이 아니고 사람들이 보이기 시작했습니다. 사람이 보이면서부터 사람들 속에서 자라는 아이들이 보이기 시작했던 거지요. 이 아이들을 위해서 무언가를 해야겠다. 아이들이 열악한 환경에서 벗어나고 가난의 대물림을 끊을 수 있는 방법은 교육이라고 생각했어요.

'그래, 아이들을 위해서 학교를 세우자, 교육 사업을 하자.'

그렇게 16좌 완등의 꿈을 이룬 지 1년 만인 2008년 5월 28일 엄홍길휴먼재단을 설립했습니다.

내려서면
비로소
보이는 것들

체코의 육상 영웅 에밀 자토펙은 이런 말을 했습니다.

"새는 날고 물고기는 헤엄치고 사람은 달린다."

그런데 저는 이렇게 바꿔 말하고 싶습니다.

"새는 날고 물고기는 헤엄치고 사람은 오른다."

이 세상 모든 사람은 지금 어딘가를 오르고 있는 중입니다. 고등학교에서 대학교로, 대리에서 과장으로, 그다음 부장으로, 아가씨에서 어머니로 오르고 있습니다. 인간사 모든 것이 산을 오르는 것과 다를 바가 없더라고요.

산 정상이든 인생의 목표든 올라갈 때는 행복감을 느끼기 어렵습니다. 천 길 낭떠러지 크레바스가 불쑥 나타나고 눈사태가 일어나기도 합니다. 당연히 실패의 순간도 있습니다. 8천 미터의 산을 서른여덟 번 오르며 겪었던 수많은 위험과 고비를 생각하면 사실 저는 벌써 저세상으로 가야 했을 사람입니다. 어떤 때는 살아서 이렇게 두 발을 딛고 서 있는 것이 기적처럼 느껴집니다. 그래도 저는 히말라야를 오르고 또 올랐습니다.

그런데 중요한 것은 '올랐다'라는 결과가 아니라 오르는 '과정'입니다. 과정은 언제나 힘들게 마련이지요. 앞서도 말했지만 그렇게 해서 정상에 올라도 그 기쁨은 아주 잠시뿐입니다. 다시 내려가야 합니다. 성공의 기쁨에 빠져 방심하면 자칫 사고로 이어지기 쉽지요.

처음 산에 오를 때는 저도 몰랐습니다. 하지만 실패를 거듭하며 깨닫게 되었습니다. 산은 저에게 삶은 '과정'이며, 그 힘든 과정을 즐겨야 한다는 것을 알려 주었습니다. 마음속에 수없이 불어오는 자만과 언제 어디서 튀어나올지 모르는 교만을 버리고 한 걸음 한 걸음씩 나를 올라야 한다는 가르침을 주었지요.

산에 오르면 그곳에는 산이 없고, 산을 내려온 뒤에야 비로소 산이 보입니다. 제가 온전한 행복을 느끼는 순간도 산을 내려온 뒤입니다. 동상에 걸린 발가락이 썩어 들어가고, 몸은 만신창이가 되고, 지칠 대로 지쳐 있는 상태이지만, 혼자 누워 내가 올랐던 산을 마음속으로 올려다볼 때가 가장 행복하고 살아 있다는 충만한 존재감을

산도 인생도 내려가는 것이 더 중요하다

느낍니다. 내가 가진 모든 것을 다 쏟아부었기에 후회도 없지요.

어쩌면 산을 오른다는 것은 산속으로 들어가는 것인지도 모릅니다. 산속으로 들어가야 산을 알게 되고, 배우게 되고, 또 이해하게 됩니다. 이해의 진정한 뜻은 아래에 선다는 것, Under-Stand입니다. 산으로 오르지만 산 아래에 서야 이해할 수 있다는 뜻이지요.

미국의 산악인이자 대법관이었던 윌리엄 오 더글러스가 이런 말을 했습니다.

"산을 좀 더 알게 되고, 그것을 자신의 일부처럼 받아들이게 되면, 인간의 내면에 잠재하고 있는 공격성은 많이 둔화된다. 인간이 인간과 투쟁할 때는 질투, 시기, 좌절, 쓰라림, 증오 같은 것을 배우게 된다. 하지만 산과 투쟁할 때 인간은 자신보다 거대한 존재 앞에서 고개 숙일 줄 알게 되고, 그런 과정을 통해 평온, 겸허, 품위 같은 것을 배우게 된다."

산을 오른다는 것은 그 산과 이야기를 나누는 것입니다. 요즘 히말라야를 오르는 산악인들은 정상을 밟는 것만 중시하는 결과로서의 산이 아니라, 그 과정에 더 큰 의미를 두고 있습니다. 산악 정신을 내세우는 것이죠. 우리가 사는 인생도 마찬가지입니다. 정상이라는 먼 미래만 보고 산다면 지금이라는 과정은 늘 힘들기만 할 것입니다.

힘들고 지칠 때 불어오는 한 줄기 바람에도 행복을 느끼는 것. 인생이라는 산봉우리도 그렇게 올라야 하는 것이 아닐까요. 도시라는 봉우리, 빌딩이라는 봉우리, 계급과 직급의 봉우리, 그리고 사람이라는 봉우리를 오르려면 언제나 그 봉우리 아래 서세요. 올라가는 과정을 즐기며, 그 순간을 사랑하며, 또 치열해져 보세요.

산도 인생도 내려가는 것이 더 중요하다

기다릴 줄 아는 지혜,
포기할 줄 아는 용기

제가 쓴 책에서 이런 말을 했습니다.

'내가 산에서 배운 것은 기다릴 줄 아는 지혜와 포기할 줄 아는 용기다.'

산을 오르겠다는 의욕이 앞섰던 때는 저도 몰랐습니다. 하지만 시간이 지나고 큰 희생도 치르면서 알게 되었습니다. 순리대로 움직여야지, 내 생각대로, 내 주관대로, 내 욕심을 채우려 움직여서 되는 게 아니라는 것을 깨달은 거지요.

처음 시작할 때 마음은 누구나 같습니다. 낮은 자세로, 순수한 마음을 가지고 산에 올라야겠다고 생각하지요. 하지만 어느 순간 자신도 모르게 욕심을 부리게 되고 무리수를 두게 되지요. 그러다 보면 좋지 않은 결과가 나타나더라고요.

'지금 아니다' 하면 기다려야 하고, 불가능한 상황에서는 포기할 줄도 알아야 합니다. 저 또한 정상을 눈앞에 두고 몇 번이나 포기하고 돌아섰는지 모릅니다.

'여기까지 오느라고 얼마나 많은 고생을 했는데 포기한단 말인가. 안 돼, 무조건 올라야 해.'

물론 후회가 되겠지요. 하지만 기회는 다시 와요. 그때 도전하면 됩니다. 물론 그걸 판단하고 결정을 내리는 것이 쉽지 않습니다. 하지만 삶의 내공이 쌓이다 보니 감이 오더라고요.

그러려면 욕심이 눈을 가려서는 안 됩니다. 평상심을 잃지 말아야 해요. 테이블이 평평해야지 비딱하거나 기울면 물건을 올려놓을 수 없잖아요. 마찬가지로 우리 마음도 항상 수평으로 있어야지, 어느 한쪽으로 기울면 안 됩니다. 그 순간 사고가 일어납니다. 컵이 넘어져서 물이 쏟아지거나 바닥에 떨어져서 깨지는 거지요.

상황이 좋지 않음에도 무턱대고 밀고 나가다간 자칫 그동안 쌓아 왔던 모든 것을 한순간에 허물어뜨릴 수도 있습니다. 조금 늦더라도, 아니 많이 늦더라도 포기할 줄 알아야 합니다. 그것이 바로 판단력이며 그 판단력은 욕심을 버린 겸허한 마음 자세에서 비롯됩니다.

산도 인생도 내려가는 것이 더 중요하다

16좌의 마지막 산이었던 로체샤르에 세 번째 도전했을 때의 이야기입니다. 그전 해에 도전했을 때 눈사태로 동료 대원 두 사람을 잃었어요. 세 번째 도전은 등반이 순조롭게 잘 진행되어서 또다시 8,200미터 지점까지 올랐습니다. 사고가 난 지점 바로 아래까지 간 거지요. 정상이 바로 눈앞에 보였습니다.

걸어갈 때는 정상의 모습이 그리 위험해 보이지 않았어요. 설사면 밑에서 마지막으로 쉬자 하고 잠깐 앉아서 정상을 바라보는데, 갑자기 정신이 번쩍 들었습니다. 설사면에 눈이 많이 쌓여 있는데, 언제 쏟아져 내릴지 모르겠다는 생각이 든 겁니다. 눈의 상태가 너무 불안정한 거예요. 더 올라갔다가는 눈사태가 나서 모두 다 죽을 것 같았습니다.

한동안 눈 위에 앉아서 망설였습니다. 거기서 더 올라갈지, 하산할지. 대장인 제가 최종적인 판단을 내려야 할 순간이었습니다. 로체샤르 신이 저한테 이렇게 말하는 것 같았어요.

'이 자식 아직도 정신 못 차렸구만. 지금도 내가 그렇게 우습게 보여? 나를 깔보는 거야? 덤벼 봐. 이번에는 너를 데리고 간다.'

이번에도 로체샤르 신이 나를 받아 주지 않는구나 생각하고, 대원들에게 철수 지시를 내렸습니다. 그랬더니 다 놀라는 거예요.

"대장님 그게 무슨 말씀이십니까?"

"철수! 내려가자."

"바로 앞이 정상이고 날씨도 좋은데 내려간다니요."

"내려가야 된다. 이번에도 아닌 것 같다."

그때 베이스캠프에 방송국 촬영팀이 들어와 있었어요. 철수한다고 베이스캠프에 연락했더니 난리가 났습니다.

"무슨 소리야? 한국이랑 다 연결시켜 놓고 대기하고 있는데, 150미터 남겨 놓고 뭐가 어려워서 못 올라간다는 거야?"

"엄 대장 여지껏 그런 적이 없었는데, 왜 이렇게 겁이 많아졌어? 많이 약해졌네."

밑에서 별의별 얘기를 다하는 겁니다. 어렵게 돈 마련해서, 몇 개월을 준비해서, 고생 고생하고 위험을 무릅써 가며 여기까지 왔는데, 정상을 눈앞에 두고 포기하는 제 마음은 어땠겠습니까? 발걸음이 떨어지겠어요? 처음 한두 시간은 후회합니다. 하지만 시간이 흐르면서 바뀌어요.

'다음에 또 오면 되지. 살아 있으면 기회가 있을 것이다.'

거기서 죽으면 다 끝나는 거 아닙니까. 살아 있어야 희망도 있는 겁니다. 결국 그렇게 미련 없이 내려왔어요.

저는 이것이 성공적인 실패라고 생각합니다. 우리나라 사람들은 항상 결과 중심으로 생각해요. 정상 갔다가 내려와서 전화하면 딱 두 마디만 물어요.

"성공했냐, 실패했냐?"

산도 인생도 내려가는 것이 더 중요하다

과정이 어떻게 되었느냐는 없어요. 성공했다면 어떻게, 어떤 과정으로 성공했는지 알아야 하는데 "야 잘했다"로 끝나요. 실패도 마찬가지예요. "사고 안 나고 돌아왔으니 됐다" 이걸로 끝입니다. 무엇 때문에 실패했는지, 어떤 과정을 거쳐 그렇게 되었는지 아무도 묻지 않아요.

하지만 저는 성공적인 실패도 있다고 생각합니다. 어떻게 성공하느냐도 중요하지만, 어떻게 실패하느냐도 중요해요. 아마 성공만 계속했다면 저도 몰랐을 겁니다. 하지만 수많은 실패와 사고, 좌절을 경험하며 중요한 것은 과정임을 깨달았습니다.

하산의 기술 3

혼자
빛나는
별은 없다

도전을
멈출 수 없었던
진짜 이유

히말라야 8천 미터 16좌를 오르는 과정에서 열 명의 동료를 잃었습니다. 1986년에 첫 희생자가 나왔습니다. 셰르파 술딤 도르지를 처음으로 잃었고, 박병태, 지현옥, 한도규, 현명근, 박주훈, 황선덕, 나티, 까미 도르지, 다와 따망을 떠나보냈습니다.

대원 한 사람 한 사람을 생각할 때마다 '내가 죽었어야 하는데…… 내가 사고를 당했어야 하는데……' 나만 살아남았다는 것 때문에 죄스럽고 괴로울 때가 한두 번이 아닙니다. 산에 가서 힘들 때면 그들을 생각하면서 이런 노래를 부릅니다.

하얀 날개를 휘저으며 구름 사이로 떠오르네.
떠나가 버린 그 사람의 웃는 얼굴이.
흘러가는 강물처럼 사라져 버린 그 사람.
다시는 못 올 머나먼 길 떠나갔다네.

한없이 넓은 가슴으로 온 세상을 사랑하다
날리는 흰 눈 속으로 떠나가 버렸네.
울어 봐도 오지 않네. 불러 봐도 대답 없네.
눈 속에서 영원히 잠이 들었네.

휘버스의 〈가버린 친구에 바침〉이라는 노래인데, 제가 가사를 조금 바꿨어요. 동료를 눈 속에서 잃다 보니까 '흙속에서'를 '눈 속에서'로 바꾸고, '날리는 낙엽 속으로'인데 '날리는 흰 눈 속으로'로 바꾸었습니다.

정상에 도전할 때면 늘 그 산에 오르려다가 목숨을 잃은 동료들의 사진을 몸속에 지니고 갔습니다. 만에 하나 그것이 얼어 버릴까, 겹겹으로 싼 내 몸에서도 가장 따뜻한 곳에 사진을 품었습니다. 그리고 마침내 등정에 성공하면 무엇보다도 먼저 그들의 사진을 정상의 눈 속에 묻었습니다.

만년설 속에 사진을 묻으며 기도했습니다. 그들이 그토록 오르

| 등반에 앞서 기도를 올리는 엄홍길 대장. 힘들어서 포기하고 싶을 때마다 먼저 간 동료들의 이름을 주문처럼 외웠다고 한다.

고 싶어 했던 히말라야 정상에서 세상을 내려다보며 영원한 안식을 취하기를. 또 그들이 있었으므로 이 순간의 내가 가능했기에 한없이 고마운 마음 또한 전했습니다.

제가 목표를 이루고 꿈을 이룰 수 있었던 것은 저의 꿈을, 목표를 끝까지, 마지막 순간까지 버리지 않았기 때문이기도 하겠지만 더 중요한 것은 값지고 고귀한 동료들의 희생이 있었기 때문입니다.

너무 힘들어서 포기하고 싶은 마음이 들 때마다 히말라야에서 같이 등반하다 목숨을 잃은 동료 열 사람의 얼굴을 떠올리면서 그들의 이름을 주문처럼 외웠습니다. 그러면서 그들에게 말을 걸었습니다.

"살아서는 이루지 못한 너희의 꿈을 안고 오르는 거다. 너희도 지금 나와 함께 가는 거다. 그러니 나에게 용기와 힘을 줘. 이 위기에서 벗어날 수 있도록 제발 날 이끌어 줘."

그만큼 했으면 됐지 왜 또 목숨을 걸고 올라야 하느냐는 의문이 들 때면 어느새 그들이 떠올랐습니다. 만일 제가 여기서 포기하고 돌아선다면 그들을 등진 배신자가 된다고 생각했기에, 그런 일은 절대 있어서도, 있을 수도 안 되는 일이기에 안주하려는 마음이 생길 때면 정신을 가다듬고 다시 앞을 바라보았습니다. 더욱 힘을 낼 수밖에 없었습니다.

먼저 간 동료를 생각하면 마음속에 짐을 지고 있는 것 같아요. 평생 업으로 안고 살아가는 거지요. 지금도 저는 중요한 일이 있을 때마다 먼저 간 동료 열 명의 이름을 주문처럼 외우고 다닙니다.

'히말라야 신들이시여, 이들의 영혼을 거둬 주시고 안아 주시고 편안하고 따듯하고 아늑한 곳으로 인도해 주십시오.'

항상 그런 주문을 외우면서 살아가고 있습니다. 저를 히말라야로 이끈 것도 그들과의 인연이었고, 죽음의 지대에서 살아 돌아와 지금을 살고 있는 것도 모두 그들 덕분입니다. 저의 성공은 모두 그들과의 합작품입니다.

멀리 가려면
함께 가라

석좌교수로 대학 강단에서 학생들을 가르친 적이 있습니다. 이론적인 강의도 했지만 한 학기에 무조건 두 번씩 학생들을 데리고 산에 갔습니다. 학생들이 산행을 안 가면 학점을 주지 않았습니다.

산에 학생들을 데리고 가면, 출발 전에 항상 이런 이야기를 해주었습니다.

"우린 하나다. 절대 둘은 있을 수 없다. 나란 것도 있을 수 없고 혼자라는 것도 있을 수 없다. 이 순간부터 완전히 우린 하나다. 그러니까 나를 생각하기 전에 동료를 생각하고, 이해해야 한다. 분명한 것은 우린 함께 올라간다는 것이다. 한 명의 낙오자도 있어서는 안

산도 인생도 내려가는 것이 더 중요하다

되고 있을 수도 없다."

처음에는 각자의 페이스에 맞게 저만치 앞서서 빨리 가던 친구들도 산행이 진행됨에 따라 뒤를 돌아다보며 뒤처진 친구들을 챙기고 서로 손잡고 용기 북돋아 주며 앞서거니 뒤서거니 하면서 함께 올라갑니다.

뒤에 처져 못 가겠다던 친구들도 자기 때문에 다른 친구들이 못 올라간다는 생각에 힘을 내기 시작합니다. 결국 모두 함께 정상을 밟게 되고, 하나가 돼 정말 행복해합니다. 그렇게 산행을 마치고 나면 수업 분위기 자체가 달라집니다. 서로의 마음이 통한 것입니다.

중요한 것은 얼마나 빨리 정상을 찍고 내려왔느냐가 아니라 끝까지 함께했다는 사실입니다.

고산 등반을 할 때도 가장 중요한 요소는 뭐니 뭐니 해도 사람입니다. 팀워크가 좋지 않으면 아무리 장비가 좋고 날씨가 좋아도 정상에 오르지 못합니다. 히말라야 등반은 혼자 하는 것이 아닙니다. 여러 사람의 지혜와 노력을 필요로 합니다. 아무리 풍족하게 잘 꾸려진 원정대라도 대원들 간에 반목과 질시가 있으면 그 원정은 반드시 실패할 수밖에 없지요.

산을 오르다 보면 어느 지점쯤에 하나의 로프에 의지한 채 절벽에 매달려야 하는 상황이 생기기도 합니다. 여기서 팀워크가 맞지 않으면 어떻게 될까요? 가장 절박한 위기가 닥쳤을 때 팀워크가 그

팀을 살리게 되는 것입니다.

1995년 후아니토의 제안으로 처음 스페인 원정대와 마칼루 합동 등정에 나설 때 제가 가장 걱정했던 것도 팀워크였습니다. 그의 팀에서는 후아니토를 제외하고 저를 제대로 아는 사람이 없었습니다. 저 역시 그들을 모르기는 마찬가지였습니다.

스페인 원정대와 합동 등반을 나서며 저는 스스로와 약속을 했습니다.

첫 번째, 그 팀에 합류하는 순간부터 등정이 끝나는 순간까지 팀과 동료를 위해서, 가장 중요한 목표인 등정 성공을 위해서 어떤 경우라도 무조건 희생하겠다.

두 번째, 항상 매사에 적극적이고 긍정적인 사고를 가지고 솔선수범하는 자세로 등반에 임하겠다.

이것을 지키는 것만이 제가 살 길이라고 생각했습니다. 초반에는 대원들과 서먹서먹했습니다. 뭔가 거리를 두는 것 같고, 제가 한 발 다가서면 한 발 물러서는 것 같았어요. 뭔가 보이지 않는 막이 형성되어 있는 느낌이었습니다.

하지만 저는 신경 쓰지 않았어요. 스스로 다짐한 것을 실천에 옮겼습니다. 말로 하지 않고 행동으로 보여 준 겁니다. 산을 올라가면서 맞닥뜨리는 모든 어렵고 위험한 상황에서 항상 선두에 서다시피 하면서 팀을 이끌었습니다. 대원들이 힘들다고 쉴 때 좀 더 움직였고, 짐을 지더라도 제가 좀 더 들었습니다.

그러자 차츰 대원들이 저를 대하는 태도가 달라졌습니다. 어느 순간 저를 향한 마음의 빗장을 풀더니 저를 감싸 안아 주었습니다. 드디어 '너는 이제 우리의 형제다, 식구다'라는 것을 느끼게 해주더라고요. 그래서 좋은 팀워크를 형성하게 되었습니다.

'내가 남을 얼마나 배려하며 살고 있는가' 하는 마음가짐이 팀워크를 만듭니다. 자신만이 앞서 나가고 잘난 척한다면 아무도 도움의 손길을 주려 하지 않겠지요. 곧 어떤 위기 상황에 닥쳤을 때 그 마음이 결국 실패를 불러들입니다.

예전에 TV로 보았던 영화 〈라디오스타〉에서 감명 깊었던 대사가 있었습니다.

"스스로 빛나는 별은 없다."

그렇습니다. 누군가가 위에서, 밑에서, 곁에서 자신을 끊임없이 비춰 주기 때문에 빛나는 것입니다 이 세상에 혼자서 이뤄 낼 수 있는 일은 아무것도 없습니다. 동료들과의 팀워크가 아니어도 여러분을 뒷바라지해 주었거나 지지해 주었던 부모님, 선생님, 친구가 있을 것입니다. 그들을 잊어서는 안 됩니다.

저의 모든 산행 중에서 혼자만의 힘으로 이뤄 낸 것은 단 한 가지도 없습니다. 어떠한 악조건 속에서도 끝까지 함께해 준 동료들과 셰르파들, 물질적으로 또 정신적으로 큰 도움을 주신 수많은 분들이 계셨기에 가능한 일이었습니다. 감사하는 마음을 가지고 임할 때 도전 또한 참 의미를 찾고 아름다운 것이 됩니다.

알면
질문하게 된다,
더 알면
기도하게 된다

히말라야를 오르려면 먼저 그 산을 오를 수 있게끔 산의 신에게 허락을 구하는 제사를 지내야 합니다. '라마제'라고 하지요. 등반을 시작하기 전, 베이스캠프에서 라마승과 대원들, 셰르파들이 제단을 만들어 제를 지냅니다.

라마제를 지내는 베이스캠프에는 부처님 말씀을 새겨 놓은 오색 깃발이 펄럭입니다. '타르쵸' 또는 '룽다'라고 부르는 이 깃발은 말馬과 바람을 뜻합니다. 말처럼 바람을 타고 부처님 말씀이 저 멀리로 퍼진다고 합니다.

'히말라야의 신이시여, 당신의 산을 허락해 주소서!'

| 바람에 휘날리는 오색의 깃발 룽다. 티베트 불교의 경전이 적혀 있다.

'라마여! 대원들과 셰르파들을 굽어 살펴 주소서!'

마음으로 간절히 기도를 드립니다. 그렇게 라마제를 지내고 나면 산이 내 마음속에 들어와 있다는 생각이 들어 든든합니다. 개인적으로 종교는 불교이지만, 저는 어떤 산이든지 다 신이 존재한다고 믿습니다.

산을 오르다 보면 산의 신이 저의 일거수일투족을 꿰뚫어 보고 있다는 느낌이 들지요. 겸허하지 않으면 산의 신은 가혹하고 엄하게 저를 내칩니다. 다섯 번 만에 등정을 허락한 '풍요의 여신' 안나푸르나가 그랬습니다.

산은 늘 저에게 한계를 넘어설 것을 요구했습니다. '여기를 넘지 못하면 성공하지 못한다'는 생각으로 한 걸음, 한 걸음 내디뎠습니다. 그 한 걸음이 저를 정상에 올려놓았지요.

하지만 산을 오르는 것은 정신력도 중요하지만 행운도 따라야 합니다. 아무리 체력이 좋고 기술이 뛰어나고 경험이 많아도 보이지 않는 기운, 뭔가의 도움 없이는 성공하기가 어렵습니다.

일본 조총련산악회 10주년 산행 참석차 일본에 갔던 적이 있습니다. 산행 하루 전날 도착했는데, 엄청난 비가 쏟아졌습니다. 밤새 장대처럼 쏟아지는 비는 그칠 기미가 보이지 않았습니다. 행사를 취소해야 하는 것 아니냐는 말이 나왔지요.

어떻게 하면 좋을지 저에게도 묻기에, 비가 그칠 것이니 행사를 진행하자고 했습니다. 제 몸이 느낀 감각이 그렇게 말하고 있었습니다.

행사 당일 새벽까지도 계속 내리던 비는 차량이 산 입구에 도착하자 거짓말처럼 그쳤습니다.

"엄 대장은 날씨를 읽으시나 봐요."

누군가 그렇게 물었던 것 같습니다. 산에 자주 오르는 저에게 산속의 날씨는 신의 숨결과도 같습니다. 정상을 눈앞에 두고 오를 때, 아무리 날씨가 맑더라도 바람이 불 것이냐, 눈사태가 날 것이냐 하는 판단은 영혼의 안테나에 맡길 수밖에 없지요.

그래서 저는 판단을 내릴 때 하늘이, 신이 저를 돕고 있다고 생각합니다. 아무리 인간이 뛰어난 감지 능력을 지닌들 바람의 길을 돌릴 수 있겠습니까?

인도의 대통령이자 철학자였던 라다크리슈난이 이런 말을 했습니다.

"조금 알면 오만해진다. 조금 더 알면 질문하게 된다. 거기서 조금 더 알면 기도하게 된다."

저는 저를 살려서 보내 준 히말라야 산을 통해 겸허함을 배웠습니다. 또한 그것이 얼마나 중요한 삶의 가르침인지 알고 있습니다. 아무리 산에 많이 오른 사람이라도 산 앞에서 겸허하지 않으면 그 끝은 허망하지요.

그동안 히말라야와 하늘은 저를 힘껏 도와주었습니다. 그랬기

산도 인생도 내려가는 것이 더 중요하다

때문에 세계에서 가장 높은 봉우리를 모두 오르고 돌아오는 비행기에서 앞으로 제가 해야 할 일이 무엇인지 깨달을 수 있었습니다.

하산의 기술 4

도전보다
아름다운 말,
나눔

내 인생의
17좌는
사람이다

16좌 완등을 이루고 나서 무척 많은 사람들을 만났습니다. 암 투병 중인 사람, 장애를 가진 사람, 가난으로 인해 학교를 다닐 수 없는 아이들, 방황하는 청소년들……. 저는 그들에게 희망을 전하고 싶었습니다. 그것이 산이 저를 살려서 세상으로 돌려보낸 이유라고 생각했습니다.

2008년 5월 엄홍길휴먼재단을 설립하고 첫 번째 사업으로 히말라야 아이들을 위해 산간 오지 마을에 학교를 짓는 일을 시작했습니다. 어느 지역에 첫 번째 학교를 세울까 고민하다 정한 곳은 네팔의 팡보체 마을이었습니다. 팡보체 마을은 히말라야 8천 미터에 도전하면서 첫 번째로 유명을 달리한 셰르파 술딤 도르지의 고향입니다. 해발 4,060미터 고지에 있는 마을인데, 지금도 거기에 그의 아내가 살고 있습니다. 그의 어머니는 작년에 돌아가셨지요.

다른 동료들도 항상 생각하지만, 저는 술딤 도르지를 잠시도 잊지 못했습니다. 이후로도 그 지역으로 여러 차례 등반을 갔어요. 적은 돈이지만 생활비와 애들 학비에 보태라고 술딤의 가족에게 전해 주곤 했지요. 그들과 지금도 계속 인연을 맺어 오고 있습니다.

술딤은 자신의 고향에 학교가 없다는 사실을 늘 가슴 아파했어요. 언젠가 기회가 되면 학교를 지어 주리라 했던 것을 23년 만에 실행에 옮긴 것입니다. 술딤의 여동생들이 결혼을 했는데, 그 아이들이 자라서 제가 세운 그 학교에 다니고 있습니다.

4,060미터, 지구상에서 가장 높은 고도에 있는 학교예요. 그 위로도 마을이 있습니다. 아이들은 두세 시간씩 걸어서 학교에 와요. 추운 겨울에도 공부를 하기 위해 산길을 오르락내리락하며 학교를 다닙니다. 하도 얼었다 녹았다를 반복해서 아이들의 볼은 붉고 검게 그을리다 못해 하얗게 터 있어요.

처음 학교를 지을 때는 그냥 자금만 마련하면 되는 줄 알았어요. 그런데 막상 일을 시작해 보니까 어려운 게 한두 가지가 아니었습니다. 거기가 4천 미터 넘는 오지 아닙니까. 이런 평지에서야 트럭에 건축 자재를 잔뜩 싣고 가서 부리고, 기술자 와서 뚝딱뚝딱 하면 건

물 금방 짓습니다. 그런데 거기는 차가 들어갈 수가 없어요. 건축 자재는 수도인 카트만두에서 경비행기로 실어 날라야 합니다. 경비행기가 들어갈 수 있는 데까지 가서 자재를 내리면, 거기서부터는 포터라든지 야크가 져서 현장까지 나르는 거지요. 자재비와 건축비도 많이 들었지만 수송비도 만만치 않았습니다.

가능한 정확하게 필요한 양을 예측해서 가져와도, 공사를 하다 보면 모자랄 수도 있고 남을 수도 있는 거 아닙니까. 도시에서라면 시멘트가 모자란다 하면, 휙 가서 사 오면 됩니다. 그런데 여기서는 작은 부품 하나를 구하려 해도 3박 4일을 걸려 산을 내려가야 합니다. 시멘트 열 포대 주문하려면 열흘 이상을 기다려야 하는 겁니다. 그사이 공사는 중단되고요. 그러니까 공정이 매끄럽게 진행이 안 되는 겁니다.

또 겨울이 길어요. 낮은 짧고. 게다가 제가 직접 현장을 감독할 수 있는 것도 아니고, 현지인을 시켜서 하는 거 아니겠습니까. 여러 가지 어려움이 많더라고요. 그래서 세계적인 구호 단체들이 팡보체에 학교나 물탱크를 지으려 몇 번이나 시도했지만 번번이 실패하고 돌아갔다고 합니다.

준공 날짜는 다가오는데, 공사는 지지부진하고, 돈만 들어가고, 그렇다고 제가 들어가서 현장 감독을 할 수 있는 것도 아니고……. 이대로는 도저히 안 되겠더라고요. 마침 히말라야 원정을 같이 다녔던 후배 중에 건축업을 하는 친구가 있었어요. 홍순덕이라는 친구한 테 전화를 했습니다.

"야 너 에베레스트 쪽 좀 가야겠다."

그러니까 이 친구가 "등반 가는 겁니까?" 그래요.

"그게 아니고 너도 알다시피 학교를 하나 짓고 있는데, 내가 요새 속을 썩고 있다. 이러다간 외양간도 하나 못 짓겠다. 상태를 보니까 하는 일 잠시 중단하고 네가 좀 들어가야겠다."

그렇게 그 후배를 급파했습니다. 그러고 나니까 돈이 있어도 안 되던 일들이 풀리더라고요. 그렇게 착공한 지 1년 만인 2010년 5월 5일에 휴먼스쿨 1호 학교를 개교했습니다. 운동장 60평에 교실 네 개와 강당 한 개, 그리고 도서실을 비롯해 양호실과 식수대, 수세식 화장실 등이 완공됐습니다.

그때 마을 사람들이 뭐라고 했는지 아세요? 1년 전에 제가 처음 기공식 하러 갔을 때, '학교 지을 수 있을까? 괜히 와서 폼만 잡고 사 진만 찍고 가겠지' 하며 다들 반신반의했다는 겁니다. 그런데 1년 만 에 학교를 딱 지어 놓으니까 "미스터 엄이니까 가능한 일"이라고 하 더라고요. 기적이라고요. 아이들이 좋아하는 모습을 보니까 숨딤 도 르지에게도 보답을 한 것 같고, 유가족에게 진 마음의 짐도 조금은 가벼워졌습니다.

그렇게 히말라야 오지 마을 팡보체에서 희망의 첫 삽을 뜨고, 꿈

| 해발 4,060미터 팡보체 마을에 엄홍길휴먼재단이 설립한 첫 번째 휴먼스쿨. 지구상에서 가장 높은 고도에 있는 학교다.

의 디딤돌을 아이들에게 선물했습니다. 그리고 2015년 12월, 현재까지 아홉 개의 학교를 세웠습니다. 히말라야 16좌만큼 열여섯 개의 휴먼스쿨을 세우자는 꿈이, 마침내 현실이 되고 나눔의 새 역사가 된 겁니다.

시설이 좋다 보니 주변 학교에서 아이들이 전학을 옵니다. 학생 수가 늘어나 교사가 더 필요한 몇 개 학교는 우리 재단이 봉급을 주는 교사를 채용하도록 했습니다.

제가 처음 이 일을 시작한다고 했을 때, 응원해 주는 이보다는 산만 다녀서 세상 물정을 잘 모르는 사람이 잘할 수 있을까 하는 눈빛으로 바라보는 사람이 더 많았습니다. 하지만 주변 많은 사람들의 도움으로 불가능하다던 팡보체에 학교를 세웠고, 그것이 저를 제 인생의 17좌 '사람의 산'으로 밀어 올리는 힘이 되고 있습니다.

히말라야 8천 미터 16좌를 오를 때도 그랬지만 세상에 어렵지 않은 일은 하나도 없습니다. 거저 되는 일도 없지요. 하지만 나는 아무리 힘들더라도 반드시 '제2의 16좌'를 완성해 내고 말 것입니다.

산도 인생도 내려가는 것이 더 중요하다

밍마참치
이야기

팡보체에 휴먼스쿨 1호 학교 기공식을 하러 갔을 때 일입니다. 웬 아가씨 하나가 다리를 절면서 다니는 겁니다. 다리를 절면서도 이것저것 짐을 나르고 기공식 일을 도왔습니다. 함께 갔던 후원자 중의 한 분이 물었습니다.

"저 아가씨 원래부터 다리를 절었어요?"

그랬더니 원래부터 그랬던 것은 아니라고 했습니다. 열한 살 때 친구들과 놀다가 언덕으로 굴러 떨어졌는데, 골반을 다쳐서 그렇게 되었다는 겁니다. 그때 바로 병원으로 데려가서 치료를 했어야 하는데, 석 달이나 방치하다가 뒤늦게 병원을 찾아갔을 때는 이미 치료

시기를 놓친 상태였다고 합니다. 깨진 골반 모양 그대로 뼈가 굳어져 버린 것이지요.

그 소녀의 이름은 밍마참치입니다. 밍마참치의 안타까운 사연을 들은 재단 관계자들은 그녀를 카트만두로 데려와 수술을 시켜 주자고 뜻을 모았습니다. 그래서 밍마참치를 데리고 내려왔습니다. 그런데 카트만두의 병원에서는 수술이 불가능하다고 했습니다. 수술이 너무 까다롭고 환부의 상태가 오래되어서 힘들다는 겁니다.

드디어 다리를 고칠 수 있나 보다 기쁜 마음으로 내려왔는데, 밍마참치에게 도저히 수술이 안 된다고, 포기해야 할 것 같다고 말하면 얼마나 상심이 크겠습니까. 혹시 모르니까 한국에 가서 검사를 해보자고 하고는, 밍마참치의 엑스레이 필름을 가지고 한국으로 들어왔습니다. 큰 병원에 가서 물어보니까 수술이 가능하다는 거예요. 그런데 수술비가 만만치 않았습니다. 마침 고맙게도 서울성모병원에서 무료로 수술을 해주겠다고 나섰습니다.

한국에 들어오기 전 밍마참치에게 "한국에 들어가서 다리를 고치게 되면, 무엇을 하고 싶냐?"고 물었습니다. 그때 밍마참치는 간호사가 되는 것이 꿈이라고 했어요. 그렇지 않아도 밍마참치의 이야기를 듣고 학교에 간호사라도 한 명 상주시켜서 아이들에게 기본적인 치료를 해주고 약품을 지원해야 하는 거 아니냐 생각하고 있던 참이었습니다. 그래서 카트만두에서 밍마참치를 간호학원에 보냈습니다.

산도 인생도 내려가는 것이 더 중요하다

| 엄홍길휴먼재단의 도움으로 다리 수술과 재활 후 팡보체 마을로 돌아와 간호사로 학생들과 마을 사람들을 돌보고 있는 밍마참치.

간호학원을 수료한 후 한국에 데리고 들어와 수술을 했습니다. 밍마참치의 수술은 성공적이었습니다. 수술을 마친 후 반드시 거쳐야 하는 재활 과정은 강서솔병원에서 무료로 해주었습니다. 치료를 받기 전 중증 소아마비 환자와 비슷했던 밍마참치는 이제 두 다리로

잘 걸어 다닙니다. 팡보체 학교에서 간호사로 아이들과 마을 사람들을 진료하면서 생활하고 있습니다. 작년에 결혼해 예쁜 딸도 낳았습니다.

저는 우리 인간이 쓰는 언어들 중에 가장 어려우면서 아름다운 말이 '도전'이라고 생각합니다. 사람의 산에 오르며 얻은 또 하나의 아름다운 말은 '나눔'입니다. 나누는 순간, 베푸는 순간 손해 보는 것 같지만 그것이 아니라는 것을 깨달았습니다. 오히려 그 순간 더 큰 것을 받고, 더 큰 행복을 느꼈습니다.

에베레스트 최초 등정자였던 에드먼드 힐러리는 가장 높은 곳에 오르고도 가장 낮은 겸손한 마음을 가진 산악인이었습니다. 히말라야를 오르며 네팔 현지의 어려운 상황을 잘 알고 있었던 그는 등정 후 그들을 돕는 일에 앞장섰습니다. 네팔을 돕기 위한 재단을 설립하고 병원과 학교를 짓는 데 평생을 바쳤습니다.

누가 저에게 그의 뒤를 좇으라고 권하지는 않았지만 20년 동안 히말라야를 오르내리며 어느새인가 저는 그와 비슷한 일을 하게 될 것이라는 깨달음을 얻었습니다. 그것은 바로 살아남은 자로서 나눔을 실천하는 일입니다.

제가 앞으로 올라야 할 산들은 이웃들이 겪는 아픔과 고통의 산입니다. 어쩌면 그 산은 히말라야보다 더 높을지도 모릅니다. 더 춥고 외로울지도 모릅니다. 하지만 그것이 제가 해야 할 일임을 알고 있습니다.

작은 실수도 허락하지 않는 고봉에서 저는 살아남았습니다. 산이 살려 주었으니 좌절과 고통이 밀려와도 신념과 의지를 가지고 계속 도전하며 꿈을 향해 걸어갈 것입니다. 제 안에 멈추지 않은 꿈, 희망, 자신감을 많은 사람들과 나누고 싶습니다.

인터뷰

불멸의 육체는
없어도
불멸의 정신은
있다

포기하지 않는
힘은
어디서 오는가

Q 어떻게 하면 어떠한 난관과 어려움에도 굴하지 않는 불굴의 도전 정신을 기를 수 있나요?

A 강연을 하다 보면 많은 분들께 받는 질문입니다. 저는 그 질문의 첫 번째 답으로 체력을 꼽습니다. 정신보다 육체가 먼저인 경우가 많습니다. 자주 들어 진부할지도 모르지만 건강한 육체가 건강한 정신을 만듭니다.

담배를 피우던 사람이 오랫동안 달리기 연습을 하면 점점 담배를 피우는 것이 싫어진다고 해요. 담배를 피우다 보니 폐활량이 떨어져

달리기할 때 불편한 점도 있지만, 달리기 연습을 하는 동안 우리 몸이 담배의 안 좋은 성분을 밀어내는 신경 물질을 내보낸다는 겁니다.

여러분도 느끼신 적이 있을 거예요. 달리기를 하거나 산을 오를 때, 숨을 헉헉거리며 온몸에 있는 것을 뱉어 버리고 났을 때의 맑음, 그 상쾌한 기분 말입니다. 그것이 정신을 선명하게 해주고, 의지력과 투지력을 길러 줍니다. 아무리 정신이 강하다고 해도 체력이 뒷받침되어야 합니다. 더욱이 고봉 등정처럼 장시간의 산행을 요하는 일에는 말입니다.

어떤 일이든 시작하려면 항상 운동부터 하라고 말씀드리고 싶습니다. 45분 수업하고 10분 쉬는 것처럼 여덟 시간을 일하면 하루 한 시간은 운동을 해야 합니다. 체력이 뒷받침되지 않으면 어떤 것도 이룰 수 없습니다. 또한 운동은 몸을 지치게 만드는 것이 아니라 에너지를 공급하는 역할을 해줄 것입니다.

히말라야 16좌에 오르면서 수없이 많은 난관에 부딪혔습니다. 아무리 강한 육체라고 자부하더라도 죽음을 눈앞에서 맞는 것은 암담한 일입니다. 처참했습니다. 그것을 이겨 내야 한다는 생각이 다시 몸에서 밀려오고 마음으로 다가가 정신에 뿌리내리면서 결국 정신이 몸을 지배하기 시작했습니다.

'그래, 이제 다시 시작이다!'

실패할 때마다 그렇게 외쳤습니다.

산도 인생도 내려가는 것이 더 중요하다

어렵고 힘든 문제는 바로 그 어렵고 힘듦 속에 답이 있습니다. 그 답을 찾기 위해 골방에 틀어박히지 마세요. 투덜거리며 술을 마시거나 담배를 피우고 여기저기 사람들을 만나 상의하지 마세요.

밖으로 나가 몸이 지칠 때까지, 숨이 턱에 차오를 때까지 뛰세요. 산을 오르세요. 육체가 힘들수록 정신이 선명해지는 것을 느낄 수 있을 것입니다. 그렇게 오랜 연습이 되면 육체의 한계를 뛰어넘을 수 있을 것입니다. 정신에 어떤 어려운 문제가 생기더라도 이겨 내고 또 이겨 낼 것입니다. 실패를 극복할 것입니다. 불멸의 육체는 없지만 불멸의 정신은 있습니다.

Q 생각이 너무 많아서 고민입니다. 이걸 하자니 저게 걸리고, 그래서 저걸 하자니 또 다른 게 걸리고. 그렇게 늘 시작도 못하고 고민만 하다가 끝납니다.

A 현대그룹 창업주이신 故 정주영 회장님이 자주 하셨던 말씀 중에 이런 말이 있습니다.

"해봤어?"

해보지도 않았으면서 두려움부터 앞서는 거예요. 2005년에 휴면원정대(세계 산악 역사상 최초로 등정이 아닌 동료의 시신을 수

습하기 위해 만든 원정대)를 조직해 박무택 대원의 시신을 수습하러 갈 때 주변에서 다 반대했습니다. 세계적으로 전례가 없는 일이라는 거지요. 무모하다는 거예요. 그 위험한 데 또 갔다가 무슨 일 생기면 어쩌려고 그러느냐고 다 가지 말라고 했어요.

저도 막연하죠. 어디서부터 어떻게 풀어야 할지. 어떻게 시신을 수습하고 내려와야 할지 머릿속에 그림은 다 그려져요. 산악사고 구조 활동이 어떻게 이뤄지는지 아니까요. 그런데 제가 생각한 이 답이 해발 8천 미터에서도 통용이 되는지는 알 수 없는 거지요. 불안했습니다.

그때 이런 생각을 했습니다.

'여지껏 8천 미터 산을 그렇게 다녔는데, 시도도 안 해보고 포기하느니 하는 데까지 최선을 다해 보자. 포기는 그때 가서 해도 되는 거 아닌가.'

그러면 후회는 안 남잖아요. 물론 성공하면 대단한 것이고요. 시도도 안 하면 계속 마음속에 남아 있을 거 아니에요. '그때 한번 해볼걸' 하고 후회할 거 아니냐고요. 그러느니 후회 없이 도전해 보는 거지요.

삶의 모든 일이 정답이 나와 있는 게 아니잖아요. 물론 계획은 세워야지요. 하지만 계획대로 안 된다고 상처 받거나 힘들어하면 안 된다는 겁니다. 조금 늦게, 더디 갈 뿐이다 생각해야지, 크게 상실감

산도 인생도 내려가는 것이 더 중요하다

을 가질 필요는 없어요.

실패를 두려워하지 마세요. 실패는 누구나 할 수 있어요. 실패를 두려워해서는 절대 아무것도 할 수 없습니다. 실패를 성공하는 과정이라고 생각해 보세요. 성공을 위해 당연히 겪어야 하는 과정이라고 긍정적으로 생각하라는 겁니다. 그렇게 생각을 바꾸면 첫걸음을 떼기가 조금은 수월해질 것입니다.

Q 열심히 했는데 노력한 만큼 성과가 나오지 않으면 포기하고 싶은 충동을 느낍니다. 성과가 크든 작든, 또는 없든 끝까지 포기하지 않으려면 어떻게 해야 하나요?

A 한번 생각해 봅시다. 포기하고 나면 마음이 편할까요? 물론 노력한 만큼 성과가 나오지 않아 실패했을 때도 후회가 밀려옵니다. 그러나 최선을 다했는데도 실패했을 때는 후회가 그리 크지 않아요. 포기를 해도 후회가 따르고 좌절할 수 있습니다. 자신감 상실, 의욕 상실에 시달릴 수 있어요. 그런 상황을 머릿속에 떠올리면서 포기하고픈 유혹을 떨쳐 보세요. 그 단계를 넘어서야 비로소 정상에 갈 수 있습니다.

모든 것은 자기 자신과의 싸움입니다. 자기 내면과의 싸움에서 지면 밖에서의 싸움 역시 패배로 이어질 것이 불 보듯 뻔합니다. 저의 좌우명이 자승최강自勝最强입니다. 자기 자신을 이기는 사람이야말로 가장 강한 사람이라는 거죠. 결국은 모든 것이 마음먹기 나름입니다.

포기하고 싶을 땐 힘들고 어려웠던 과정을 떠올려 보세요. 지난 날의 시간들, 고통스러웠던 순간을 떠올리는 거지요. '여기까지 내가 어떻게 왔는데, 이 정도는 이겨 낼 수 있다'고 자신감을 가져 보세요.

너무나 고통스럽고 포기하고 싶은 마음이 굴뚝같을 때는 '이 상황에서는 누구나 포기하고 싶은 마음이 든다'고 생각하는 겁니다. 그걸 이겨 냈을 때만 성공할 수 있다는 것을 스스로에게 계속 주입하는 거지요.

물론 때로는 포기하는 것이 현명할 때도 있습니다. 하지만 포기할 때와 포기해서는 안 될 때를 구분하기란 쉽지 않습니다. 기상이 성패를 좌우하는 히말라야 등반의 경우는 날씨가 따라 주지 않을 때가 포기할 때이지요. 무엇보다 과욕은 금물입니다. 겸허한 자세를 잃지 말아야 합니다.

산도 인생도 내려가는 것이 더 중요하다

외로울 땐
산에 가라

Q 대장님은 결혼도 하셨는데, 이십 대 초반부터 전문 산악인으로 사시면서 생계 문제를 어떻게 극복하셨는지 궁금합니다.

A 저는 그렇게 생각해요. 돈과 산을 모두 쫓았다면 결과적으로 이것도 저것도 안 됐을 거라고요. 지금이야 제가 이룬 성취를 사람들이 알아주지만, 처음 14좌에 도전할 때만 해도 사람들은 저를 말리느라 바빴어요. 사람도 죽고 그러는데 뭐하러 고생을 사서 하느냐고 했지요.

금전적인 것이며 명예를 생각해서 산에 올라간다는 것은 할 수도 없

불멸의 육체는 없어도 불멸의 정신은 있다

불멸의 육체는 없어도 불멸의 정신은 있다

149

고 있을 수도 없는 일이었어요. 아마 그런 계산을 했더라면 해내지도 못했을 거예요. 이루고자 하는 꿈이 확고부동하고 의지와 신념이 강했기 때문에 그 모든 부수적인 것들, 금전적인 것이며 가족의 반대 같은 부분들이 결국 다 해결되지 않았나 생각합니다.

요즘 젊은이들은 자신의 성취가 남에게 어떻게 보일까를 더 신경 써요. 남에게 보여 주기 위해 살아가는 사람들 같아요. 하지만 남이 보기에 얼마나 대단한 성취를 하느냐가 아니라, 힘들게 성취해 본 경험이 중요합니다.

성취도 너무 쉽게 이루면, 쉽게 잃어버려요. 가치가 없습니다. 엄청난 시련과 힘든 과정을 겪으며 무언가를 이루어 냈을 때, 그 성취감은 값지고 오래갑니다. 그것을 보전하려고 노력하게 되지요. 거기서 엄청난 에너지가 생겨요.

중심을 남에게 두지 말고 나 자신에게 두세요. 내가 가려는 길이 쉽고 편한 길이냐를 따지기에 앞서, 내가 간절히 원하는 것이 무엇인지, 내 가슴을 뛰게 하는 그 일이 무엇인지 떠올려 보세요.

Q 학교도 가기 싫고 공부도 하기 싫고, 친구도 만나기 싫습니다. 아무것도 하기 싫고 이대로 땅으로 꺼져 버리고 싶다는 생각만 듭니다. 어떻게 해야 할까요?

산도 인생도 내려가는 것이 더 중요하다

A 산에 가세요. 우울증의 특효약은 운동만 한 게 없어요. 헉헉 가쁜 숨을 몰아쉬며 종일 산에 오르다 보면 마음속에 있는 모든 슬픔과 고통이 호흡을 통해 쏟아져 나와요. 다음 날도 그렇게 산에 오르고, 그다음 날도 산에 오르다 보면 산이 내면의 아픔, 슬픔, 외로움 그 모든 것을 받아 주고 들어준다는 사실을 알게 될 것입니다.

몸이 힘들다 보면 오히려 정신이 맑아집니다. 마음 깊은 곳에 들어앉은 우울은 물론이요, 늑골 속에 숨어 있는 지난날의 상처까지 모두 쏟아져 나올 거예요.

그렇게 정상에 오르면 당연히 눈물이 나올 수밖에 없습니다. 엉엉 울 수밖에 없어요. 서러웠던 기억들, 속상했던 감정, 소외받았다고 느꼈던 순간들이 모두 쏟아져 나올 테니까요. 정상에 서서 발아래 아득하게 펼쳐지는 것들을 바라보다 보면 더 열심히 살아야겠다는 생각이 들 겁니다.

한 달에 한두 군데씩 산 정상에 오르겠다는 계획을 세우고 도전해 보세요. 숨이 찰수록 좋습니다. 오르는 것이 힘들어 고통이 올수록 좋습니다. 땀이 비 오듯이 흐르고 눈물이 나고 콧물이 나도록 오르며, 속에 있는 모든 것을 뱉어 내세요. 바위가 여러분의 그것을 받아 줄 겁니다. 그렇게 바위에 담아 두고 내려오세요.

Q 대장님은 스트레스를 받으면 어떻게 푸시나요?

A 살면서 힘들고 답답할 때, 저는 무조건 산에 갑니다. 아파트에서는 도저히 못 살겠어서 결국 우이동 산자락으로 들어갔거든요. 스트레스 받으면 아침에 혼자 산에 올라갑니다. 올라가는 코스가 있어요. 가다 보면 땀도 나고 공기도 좋고, 아름다운 풍경도 보고 그러니까 머리가 맑아져요.

사고가 명쾌해지고 폭이 넓어져서 미처 생각하지 못했던 것들도 떠오릅니다. 그러면 꼬였던 일이 풀리고 자신감이 생깁니다. 모든 걸 얻은 것 같은 기분으로 산을 내려와요. 그래서 저는 아주 중요한 일이 아니면 오전에는 약속을 안 잡습니다.

힘든 일이 있다고 혼자 방구석에 처박혀 있지 좀 말았으면 좋겠어요. 책상 앞에 앉아서 '어떡하지?' 고민만 하면 뭐해요. 고통스럽고 스트레스만 쌓이지. 그럴수록 밖으로 나가야 해요. 그걸 탁 내려놓고 바깥으로 나가야 해요. 꼭 산에 올라가지 않더라도 산책을 한다든가, 자연 속에서 명상을 한다든가 자연의 품속으로 들어가 보라는 거지요. 그러면 고민의 실타래가 풀린다니까요.

저는 컴퓨터야말로 21세기 대재앙 같다고 생각해요. 청소년들이 자연과 사람과 소통하는 것이 아니라 컴퓨터 모니터 앞에만 앉아 있으니 점점 더 삭막해지고 메마르고 자기밖에 모르는 이기적

산도 인생도 내려가는 것이 더 중요하다

인 사람이 되어 가는 것 아닐까요? 나는 우리 사회에서 일어나고 있는 여러 병폐들을 보면 인간이 자연을 등한시하고 자연과 동떨어져서 생활하기 때문에 생기는 문제가 아닌가 싶어요.

자연은 인간의 생명줄입니다. 그러니까 이제부터는 좀 더 자연과 친숙하게, 자연과 더불어 함께하는 체험을 해야 합니다. 제 경험에 따르면 산은 분명 우리에게 긍정과 희망의 에너지를 줍니다. 힘들게 산에 오르고 내려오는 사이 우리의 몸과 마음은 알게 모르게 에너지를 얻게 됩니다.

지금이라도 주변의 가까운 산을 가족들과, 친구들과 함께 올라가 보세요. 그 작은 실천이 많은 것을 변화하게 할 것입니다

Q 대장님 말씀을 듣고 산에 가고 싶어졌습니다. 그런데 한 번도 제대로 등산을 해본 적이 없어서 무엇부터 어떻게 시작해야 할지 모르겠습니다.

A 먼저 중요한 것은 마음가짐입니다. 누군가를 만나러 가는데 '그 사람 싫어', '미워 죽겠어' 이런 마음으로 가면 앉아 있는 게 좋을 리 없겠지요. '그 사람 참 좋다', '오늘은 무슨 이야기를 할까?' 그런 마음가짐으로 만나야 간절해지고 그 시간이 즐거울 것입니다.

산도 마찬가지예요. 산을 사랑하는 마음으로 가야 해요. '산에 가면 너무 좋겠다', '맑은 공기도 마시고 좋은 풍경도 보고 힐링도 해야지' 그런 긍정적인 마음으로 산을 올라가야 해요. 그래야만 산과 하나가 될 수 있습니다.

그리고 등산에 적합한 복장과 장비를 갖춰야죠. 등산하려면 발이 편해야 하니까 등산화가 있어야 하고, 땀을 잘 배출하는 옷을 입어야 해요. 배낭도 메고요. 운동화 신고 청바지 입고 가니까 등산이 힘든 겁니다. 기본적으로 갖춰야 할 걸 안 갖추고 힘들다고 산을 탓하면 안 돼요.

등산을 시작하기 전에 반드시 준비 운동을 해야 합니다. 저처럼 집이 산 밑에 있어서 바로 올라가는 게 아니라, 보통은 교통수단을 이용해서 산에 갑니다. 30분에서 한 시간 정도 차를 탔으면 몸이 경직돼 있을 거 아니에요. 내려서 스트레칭부터 해야죠. '내가 이제 산에 올라가려고 한다' 하고 몸에 신호를 주는 겁니다. 차도 시동을 걸어야지, 바로 출발하지 않잖아요.

최소한 30~40분 정도는 천천히 호흡 조절을 하면서 몸을 살살 풀어 가면서 산을 올라가야 합니다. '내가 좀 있으면 등산할 거다' 하고 몸에 신호를 주는 거지요. 그렇게 몸이 풀리면 그다음부터 속력을 내서 올라갑니다.

등산은 경주하듯이 빨리 하는 것이 잘하는 게 아닙니다. 페이스

산도 인생도 내려가는 것이 더 중요하다

조절을 잘해야 합니다. 체력을 안배해 가면서 자연을 보고 제대로 느끼고 즐겨야죠. 앞사람 뒤꿈치만 보고 줄기차게 오르내리다가는 관절이 망가질 수도 있습니다. 자꾸 고개를 들어서 주변을 응시하고, 산의 풍경도 좀 보세요. 바위의 생김새, 나무의 모양, 꽃의 빛깔……그런 것들을 조금씩 보고 느끼는 연습을 하는 겁니다. 그렇게 오르다 보면 힘든 줄도 몰라요.

Q 앞으로의 계획을 말씀해 주세요.

A 휴먼스쿨 열여섯 개의 학교 중 아홉 개가 완공되었습니다. 나머지 학교들도 잘 만들어야지요. 또 학교를 지은 것으로 끝나는 게 아니라 지속적으로 유지·관리·보수를 해야 해요. 학생 수가 늘어나면 재단에서 교사도 지원해 주고 있는데 이러한 부분도 챙겨야 하고요. 기숙사 와 도서관 건립, 응급 구조용 헬기장 조성, 의료진 숙소 마련 등 해야 할 일이 많습니다.

국내에서는 동서를 횡단하는 DMZ 평화통일 대장정을 하고 있는데, 언젠가는 남과 북의 학생들을 데리고 한라에서 백두까지 종단을 하는 것이 꿈입니다.

이 목표를 이루면 제 도전이 끝날까요? 아닐 거예요. 도전이란

우리가 살아 있는 한 계속되는 거니까요. 지금까지 그래 왔듯이 저는 생이 다하는 날까지 결코 안주하지 않는 삶을 살아갈 것입니다. 끝없는 도전이야말로 진정한 내 삶의 모습이며 내가 걸어가야 할 길이라고 확신하기 때문이지요.

현재의 모습에 만족하고 안주하는 것은 나태한 사람들이 하는 행동이라고 생각합니다. 그들은 결코 그 이상의 삶을 살 수 없습니다. 저 역시 히말라야 16좌 등반을 하는 동안 무수히 많은 고비를 넘겼습니다. 온갖 어려움들 속에서 좌절하고 주저앉았다면, 만약 제가 히말라야를 등지고 남들처럼 도심에서 평범한 삶을 살았으면 어땠을까요?

저 자신이 먼저 스스로를 용서할 수 없었겠지만 그건 분명히 살아도 사는 것이 아니었을 겁니다. 이 일이 안 되면 저 일을 하고, 저 일이 안 되면 또 다른 일을 찾고⋯⋯ 단지 밥벌이를 위해, 돈을 벌기 위해 일을 하다가 결국 나에게 맞지 않는 그 일을 왜 하는지조차 모르게 되었을 것입니다. 후회로 얼룩진 삶이 되었겠지요.

수많은 삶 가운데 제가 선택한 길은 '산'이었지만 그로 인해 산 밑의 온 세상을 제 가슴에 품을 수 있게 된 것입니다. 그리고 그 삶을 통해서 이렇게 많은 사람들에게 하늘 아래 그 무엇이든 할 수 있다는 꿈과 희망을 심어 줄 수 있게 된 것입니다.

산도 인생도 내려가는 것이 더 중요하다

| 네팔 타르푸 마을에 위치한 2호 휴먼스쿨 아이들과 함께한 엄홍길 대장. 사람의 산을 향한 그의 도전은 생이 다하는 날까지 계속될 것이다.

아우름 10

산도 인생도
내려가는 것이 더 중요하다

1판 1쇄 발행 2015년 12월 31일
1판 8쇄 발행 2023년 1월 16일

지은이 엄홍길
펴낸이 김성구

콘텐츠본부 고혁 조은아 김초록 이은주 김지용
디자인 이영민
마케팅부 송영우 어찬 김하은
관 리 김지원 안웅기

표지 패턴 NOSTRESS 민유경

펴낸곳 (주)샘터사
등 록 2001년 10월 15일 제1-2923호
주 소 서울시 종로구 창경궁로35길 26 2층 (03076)
전 화 02-763-8965(콘텐츠본부) 02-763-8966(마케팅부)
팩 스 02-3672-1873 **이메일** book@isamtoh.com **홈페이지** www.isamtoh.com

ISBN 978-89-464-2019-9 04190
ISBN 978-89-464-1885-1 04080(세트)